本书由嘉道理慈善基金会
"河南省农村地区学前融合教育试点项目"支持出版

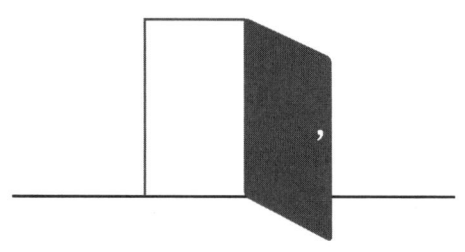

接纳 尊重 协作

XUEQIAN RONGHE JIAOYU ZHICHI SHOUCE

学前融合教育支持手册

王兵杰　蔡云◎编著

河南大学出版社
HENAN UNIVERSITY PRESS

·郑州·

图书在版编目（CIP）数据

学前融合教育支持手册 / 王兵杰, 蔡云编著. -- 郑州：河南大学出版社, 2021.12
ISBN 978-7-5649-4933-4

Ⅰ.①学… Ⅱ.①王…②蔡… Ⅲ.①学前教育－教育研究 Ⅳ.① G61

中国版本图书馆 CIP 数据核字 (2021) 第269818号

策　　划	谌洪波
责任编辑	聂会佳
责任校对	陈　巧
封面设计	王紫薇

出版发行　河南大学出版社
　　　　　　地址：郑州市郑东新区商务外环中华大厦2401号　　邮　编：450046
　　　　　　电话：0371-86059715（高等教育与职业教育出版分社）
　　　　　　　　　0371-86059701（营销部）
　　　　　　网址：hupress.henu.edu.cn
印　　刷　河南瑞之光印刷股份有限公司
经　　销　全国新华书店
版　　次　2021年12月第1版　　　　　　　　　　　**印　次**　2021年12月第1次印刷
开　　本　710 mm×1000 mm　1/16　　　　　　　**印　张**　8.5
字　　数　106千字　　　　　　　　　　　　　　 **定　价**　29.00元

（本书如有印装质量问题，请与河南大学出版社营销部联系调换。）

融合教育——从"人"开始

我们每每谈起教育时,其本质上都是在讲人,在讲教育者和被教育者,在讲他们之间互动交流、互相对话的具体故事。为什么会有教育者和被教育者?为什么会有工人、农民、学者?这就是人的独特性,也正是这种独特性赋予了我们每一个人尊严以及我们在自己和他人眼中的价值。

融合教育的提出让每个人的个性差异和独特价值更加凸显和被重视,因此它成为很多国家和学校丰富教育形式、丰富学校生态的重要途径。1994年联合国教科文组织在萨拉曼卡召开的会议让融合教育正式登上了国际政治舞台,并迅速推动各个国家特殊教育和普通学校融合教育的发展。在持续不断的发展和实践过程中,我们发现了一个重要的事实:融合教育不仅仅是为了特殊需要儿童,它还可以让每个儿童都能在尊重和接纳差异的环境中获得高质量的教育和支持,同时也让教师在支持儿童的过程中得到快速成长。

从人的个性化发展需求出发,融合教育强调"以儿童为中心",通过调整与丰富课程内容、授课方式、评价方式等来引导每个儿童以平常心来看待生活中的差异,培养他们自尊、自信、解决问题的能力以及更加健全的人格。而且融合教育的理念促使课程更加具有灵活性和创意，帮助每个儿童找到最适合他的学习和成长方式。

实施融合教育，同样要重视教师的存在与价值，那些能够接纳每个不同孩子的学校通常是愉快、富有创造力的地方。在这样的环境中，教育将会培养出一代代有情怀、有独立思考和解决问题的能力、有个性、有领导力的人才。

尽管融合教育在推广和实践过程遇到了诸多困难，但同样也被证明是可行且必行的。融合教育并不需要一蹴而就，它可以循序渐进地推进。从为每一个儿童提供和创造平等进入校园的机会开始，营造融合无障碍的校园融合文化氛围，到引导他们参与学校的每一项课程和活动，最终为他们找到适合的学习方式，支持他们成为更好的自己！

"河南省农村地区学前融合教育试点项目"执行之初，奇色花邀请我作为项目的融合支持小组成员共同参与项目的推进，深觉开心，并在参与过程中看到农村地区特殊需要孩子、教师、家长的成长，看到农村幼儿园实践融合教育的艰辛与坚持。在项目即将结项之际，奇色花又邀请我为本手册书写序言，内心感触颇深。无论融合教育在哪里实践，无论是在城市还是在农村，终究要从"人"开始！

郑州师范学院特殊教育学院副院长、教授

前　言

教育部印发的《3—6岁儿童学习与发展指南》中提出："尊重幼儿发展的个体差异。幼儿的发展是一个持续、渐进的过程，同时也表现出一定的阶段性特征。每个幼儿在沿着相似进程发展的过程中，各自的发展速度和到达某一水平的时间不完全相同。要充分理解和尊重幼儿发展进程中的个别差异，支持和引导他们从原有水平向更高水平发展，按照自身的速度和方式到达《指南》所呈现的发展'阶梯'，切忌用一把'尺子'衡量所有幼儿。"并提出教师要"引导幼儿学习用平等、接纳和尊重的态度对待差异"。

其实在有意无意之间，许多幼儿园都在努力践行着《3—6岁儿童学习与发展指南》的指导理念，但大家是否真正理解了"差异"是包括所有儿童在内的差异呢？融合教育是从理念和实践方面真正践行《3—6岁儿童学习与发展指南》的一种教育方案。河南省自2015年开始推行学前融合教育试点工作，6年来"河南省也成为全国第一个建立财政为主、社会支持、全面覆盖、通畅便利的学前融合教育服务体系的省份"（《中国教育报》2020年12月20日第1版），但在学前融合教育实践过程中，还有较多的问题与挑战存在，部分幼儿园没有找到或认为自己没有找到将学前融合教育理念和流程融入本园工作的路径和方法，也有幼儿园尚未意识到学前融合教育的价值，认为其仅有益于特殊需要幼儿，从而在增强实践融合教育的意愿与信心方面需要更多的赋能。我们时常也会关注到一些共性困难，诸如教育机构缺乏人力和经费、教师缺少时间、缺乏行政支持、只有特教专业的教师才能够开展融合教育等，这些问题都是客观存在的，理应受到肯定和尊重。但教育无小事，亦无易事，我们所追寻的不过是本着教育初心，尽己所能为所有幼儿提供适合于他们的教育。因此对处于不同发展阶段及面临不同挑战的幼儿园，如何发展与之适宜的融合教育实践就成为我们将要探索的问题，亦即融合教育中所包含的要素的发展程度的问题，亦即融合教育的品质问题。

本手册主要参考《学前融合教育理论与实务》（蔡蕾主编，于2012年由河南大学出版社出版），以所有幼儿为中心，但同时立足于实际问题，以需求差异较大的特殊需要幼儿为案例，将学前融合教育实务流程融入幼儿园现有工作，期待读者在阅读后能够意识到融合教育本身就是学前教育必备的内容，而不是一个困难的附加品，同时期待本手册能够为使用者在实际操作中提供参考。当然，手册肯定会有诸多不足之处，期待读者朋友批评指正！

在此，我们要向参与本手册部分内容撰写及受访的教师梁田、田亚红、刘冰、徐丹丹、李东丽、朱凯新、刘方方、耿思雨、薛娇、文芳等表示诚挚的感谢，同时要感谢各试点园提出的精彩疑问，大家丰富的实践经验为本手册提供了最真实和基础的材料。最后特别感谢郑州师范学院特殊教育学院副院长、教授李玉向为本手册撰写序言。

目 录

第一章 学前融合教育的基本要求 ………………………… 001

1. 学前融合教育是什么 ………………………………… 001
  1.1 学前融合教育的定义 …………………………… 001
  1.2 学前融合教育的对象 …………………………… 003
  1.3 学前融合教育的主要内涵 ……………………… 004

2. 学前融合教育为什么 ………………………………… 006
  2.1 为幼儿创造良好的成长环境 …………………… 006
  2.2 为教师搭建持续学习的平台 …………………… 007
  2.3 为教育提供内驱变革的动力 …………………… 007

3. 学前融合教育怎么做 ………………………………… 008
  3.1 领导发挥积极作用 ……………………………… 009
  3.2 全园有效参与 …………………………………… 010
  3.3 团队主动协作 …………………………………… 012
  3.4 构建无障碍的环境 ……………………………… 015
  3.5 关键的过程管理 ………………………………… 023
  3.6 清晰的逻辑关系 ………………………………… 024

第二章　学前融合教育的实务流程……026

1. 学前融合教育实务流程及操作说明 ……026

1.1 学前融合教育实务流程整体说明 ……026
1.2 学前融合教育实务流程具体步骤说明 ……029
1.3 学前融合教育实务流程重点与难点解析 ……032

2. 计划与实施环节操作说明 ……035

2.1 计划与实施环节整体说明 ……035
2.2 计划与实施具体步骤说明 ……037
2.3 计划与实施环节重点与难点解析 ……042

第三章　学前融合教育中的实务流程工具……059

1. 学前融合教育实务流程工具的作用 ……059
2. 学前融合教育实务流程工具一览表 ……060
3. 学前融合教育实务流程工具及使用说明 ……063

第四章　学前融合教育常见35问 ……095

附录　实务流程工具撰写实例 ……121

参考文献 ……127

第一章　学前融合教育的基本要求

1. 学前融合教育是什么

1.1 学前融合教育的定义

顾名思义，学前融合教育就是"学前阶段"的"融合教育"，那么在说学前融合教育之前我们先来阐释一下"融合教育"。从一个简单的视角来看，"融合教育"就是在"教育"原有的概念下，更加强调"尊重个体差异"，并通过坚持一定的原则、运用一定的方法来践行和落实这一理念。另外说到定义，总会涉及"谁做""为了谁""做什么事情"等方面的思考和行动，随着理论研究和实践的发展，一些概念会在微观、中观和宏观不同层面发展出不同范围或程度的内涵。融合教育也不例外，众多研究者和实践者在多年的发展过程中为融合教育赋予了丰富的内涵。

融合教育对所有教师提出了更高的要求。普通学校和教师应当对教育有深刻的理解，必须认同平等和融合的价值观，把学生学习和发展的多样性看作专业提升的契机，而不是多余的麻烦。

教师应当掌握"最少受限制环境"、"通用设计"、"合理便利"以及"无障碍"等基本理念和原则，有能力设计满足个性化需要的课程和活动。

融合教育鼓励开放式学习，相信每个儿童都有宝贵的潜能等待开发。

融合教育要求把儿童之间以及成人之间的差异看作学习的资源和教育改革的切入点。

融合教育要求政府和学校确保儿童就近入学，并能够获得优质的教育。[1]

融合教育是一套先进的教育理念和方案。它涉及公共政策、教育体制和教学实践等与教育有关的所有方面。[2]

细读这些内容，我们可以看出融合教育在不同层面的含义。

宏观层面：融合教育是一种理念，它坚守尊重每个学习者的差异和平等受教育权的理念，主张学习者不应因其身体、社会、情绪、语言或者文化、年龄、性别、社会经济地位等方面的差异或障碍而被排除在教育系统之外。

中观层面：融合教育是一套系统的教育政策和实践，通过引起反思、鼓励差异、丰富教育中的评价方式以及推进教育改革等举措，消除制度和环境中的障碍，为所有学习者接受平等的教育创造有利的社会氛围。

微观层面：融合教育是指学校通过校园内的行政支持、团队协作、班级经营、课程调整等方式消除学校环境和教学中的障碍，促进所有学生平等、积极地参与课堂活动和学校生活。

但无论是哪个层面，或者是什么维度，融合教育的最终目标始终保持一致，即促进所有学生的尊严和价值都能够受到尊重，享有公平而有质量的教育。

---

[1] 以上观点均参考倪震、崔凤鸣、刘文静编写的《共享融合 融合的世界——融合教育手册》。

[2] 参见崔凤鸣、倪震、郭锐编写的《融合与发展——关于残障的法律手册》。

学前融合教育作为其中一个阶段，同样可从以上三个层面进行解读，正如学前教育是教育的奠基阶段一样，学前融合教育也是融合教育的奠基阶段，是学生全生命周期的基石。从这个阶段开始融合，意义非凡，最重要的是这个阶段的孩子没有歧视，没有特殊，只有纯真。在本手册中，我们坚守宏观理念，推动微观层面的实践，即幼儿园如何通过行政支持、团队协作、班级经营、课程调整等方式，按照一定的流程，使用合适的工具，在保障幼儿常态入园的基础上实现幼儿的个性化教育。

1.2 学前融合教育的对象

1978年，英国《沃诺克报告》中提出了"特殊教育需要"的概念，即"儿童的特殊教育需要既包括那些因身体的、感觉的、心理的缺陷或情感上、行为上的失调所导致的对教育的地点、内容、时间或方法的特殊需要，也包括其他有某种困难的学生对教育的某种特殊需要，以上这些需要既可以是贯穿整个受教育时期的，也可以是短期的"[1]。

因此，学前融合教育是所有幼儿在普通幼儿园中与同龄人一起接受教育的形式。但目前教育界仍流行着对"特殊需要儿童"广义和狭义的两种理解。广义上，特殊需要儿童是指因个体差异而有各种不同的特殊教育需要的儿童；狭义上，特殊需要儿童是指由于生理上的功能缺陷导致其有特殊需要的儿童，即现阶段我们所说的残障儿童。

在学前融合教育实践过程中，由于残障儿童相较之下有着更为明

---

[1] 景时、邓猛：《英国的融合教育实践——以"特殊教育需要协调员"为视角》，《学习与实践》2013年第6期。

显的差异和特殊教育需要，因此很多情况下特殊需要儿童成为残障儿童的专称。发展着的教育理念关注并提倡每个幼儿（为保持用语统一，下文中均称为幼儿）的个体差异，本手册中呈现的操作方法遵循《3—6岁儿童学习与发展指南》中"尊重幼儿发展的个体差异"的理念，因此本手册中的特殊需要幼儿倾向于广义的理解，也就是学前融合教育的对象为所有在某个阶段、某个环境下有特殊教育需要的幼儿。在现有的语境下，为方便读者理解，本手册将有特殊教育需要的幼儿称为"特殊需要幼儿"，将需求差异较小的幼儿称为"普通幼儿"。

1.3 学前融合教育的主要内涵

从学前融合教育的定义和对象中可以看出，学前融合教育关注并强调所有幼儿平等受教育的权利和机会，反对个体因生理、心理、地域、文化等方面的差异而被歧视或排斥。具体来说，学前融合教育有以下几个内涵。

在场。每个幼儿都有权利和机会出现在普通幼儿园的教育环境中，都应当在普通班级有属于自己的位置，并受到尊重和欢迎。

参与。学前融合教育并不是简单地将所有幼儿放在一个幼儿园或者一个班级就可以了，而是所有幼儿，包括特殊需要幼儿都需要获得机会，最大限度地参与学校的各项教学环节和活动。

适合的教育。《3—6岁儿童学习与发展指南》强调"尊重幼儿发展的个体差异"，即根据每个幼儿自身的学习特点、速度和方式等具体情况为其提供适合的教育。

 **知识拓展**

1994年,包括"全美教师联盟""美国教育协会""异常儿童委员会"等在内的十个教育专业组织召开了"融合教育学校工作论坛",总结了融合学校的要素,具体如下。

(1)社区感。应该使所有的儿童回归主流学校与社区生活,每个人都有归属感、被接纳,并接受同伴的帮助、教工的支持。

(2)领导。校长负责规划、实施融合教育的策略,并与全体教职员工共同承担教育所有学生的责任。

(3)高标准。所有学生达到与他们的能力相符的、高水平的学业成就。

(4)协作与合作。

(5)角色与责任的变化。教师讲授少、支持多,学校心理工作者走进教室与教师一起工作,校园里每一个人都积极参与学生的学习过程。

(6)多种服务。提供一系列相关服务,如健康、心理、社会服务等。

(7)与家长的合作。

(8)弹性的学习环境。儿童根据自己的特点确定学习的进度与方式。只有在必要的情况下,学生才会被抽出进行少量单独的教育。

(9)基于研究的策略。运用已经为研究所证明的有效学习与教学策略。

(10)新的责任制度。较少依赖标准的测试,比较多地使用新的责任制度与评估方法来保证每个学生获得进步。

(11)准入。确保每一个学生都能够参与学校生活,对校园建筑、环境进行相应的改善,并使用适当的辅助技术帮助学生最大限度地参与。

(12)可持续的专业发展。鼓励教职员工对自己的专业发展进行规划，并提供多种机会对他们的知识与技能进行训练。

（资料来源：邓猛主编《融合教育理论反思与本土化探索》，北京大学出版社，2014。）

2. 学前融合教育为什么

"如果融合做得很棒，那么，每个人都是赢家。"从多数幼儿园的实践经验来看，学前融合教育不仅对特殊需要幼儿的成长发展有积极的促进作用，普通幼儿、教师、家长也都能从中获益，同时对幼儿园综合实力的发展亦有贡献。学前融合教育面对的是3～6岁幼儿，这个阶段的幼儿正处于关键敏感期，个性已经开始逐渐形成，也是为幼儿以后的人生打基础的关键时期，相对于隔离教育，学前融合教育的积极作用主要体现在以下几个方面。

2.1 为幼儿创造良好的成长环境

观察和模仿是这个时期幼儿的主要学习方式，在自然环境中，特殊需要幼儿可以和许多不同性格的普通幼儿相处，有了更多的观察、模仿和学习的机会。实践和研究表明，学前融合教育为每个幼儿提供了一个真实、平衡、和谐以及多元的成长环境。特殊需要幼儿通过与普通幼儿间大量的互动，在群体中学习规则和行为，有机会和普通幼儿建立并发展自然的友谊，锻炼社交技能，为义务教育阶段的学习奠定基础。

对普通幼儿来说，这个时期的幼儿易受外界与周围人的影响，可塑造性强，普通幼儿在与特殊需要幼儿的相处过程中，自然体会生命的多样性，理解多元和差异，也可通过教师传达的理念以及多元化教学方式获得更多个性化的发展机会，促使其人格更加健全、品格更加饱满。从这点来看，学前融合教育与我国德、智、体、美、劳全面发展，德育先行的教育理念和政策不谋而合。

2.2 为教师搭建持续学习的平台

教育要发展，师资须先行。学前融合教育对教师提出了更高的要求，面对具有各种差异的幼儿，教师需要更加用心观察并理解每个幼儿的差异，探索更多的教学方法，以满足幼儿更为多元化的需求。在这个过程中，教师的专业能力得以持续提升，教育理念不断更新，教学质量也不断提高。在未来的教育中，家长、幼儿越来越多元化的需求将会使班级经营面临更多的挑战，对跨专业的需求更多。学前融合教育中对课程设计的调整要求、丰富评价方式以及跨专业的团队合作可以为教师的学习成长提供丰富多元的资源，为幼儿园及其教师搭建发展的平台。

2.3 为教育提供内驱变革的动力

从长远来看，融合教育的推广与普及将会大大减少政府对特殊教育学校的投入，在整体上降低社会教育成本。同时，融合教育是顺应"十四五"规划中"高质量教育"的要求，推动普通教育改革，提高普通教育整体质量的一套理念与方案。"从其本质来讲，融合教育不是单纯特殊教育的问题，开展融合教育的学校也不是简单的一所收留部分特殊儿童的学校，而是整个普通教育改革的问题。"[1] 融合教育"尊重个体差异"的核心精神与素质教育"以人为本"的核心理念

---

[1] 昝飞:《融合教育——理想与实践》，华东师范大学出版社，2016。

有着异曲同工之处，融合教育对个性化发展和适宜教育的强调必然要求课程方式、评价方式的相应调整。因此融合教育是教育改革的必经之路，"它可以引起政策制定者、教育工作者和公众对于现有教育理念和实践的反思及改变"[1]。

知识拓展

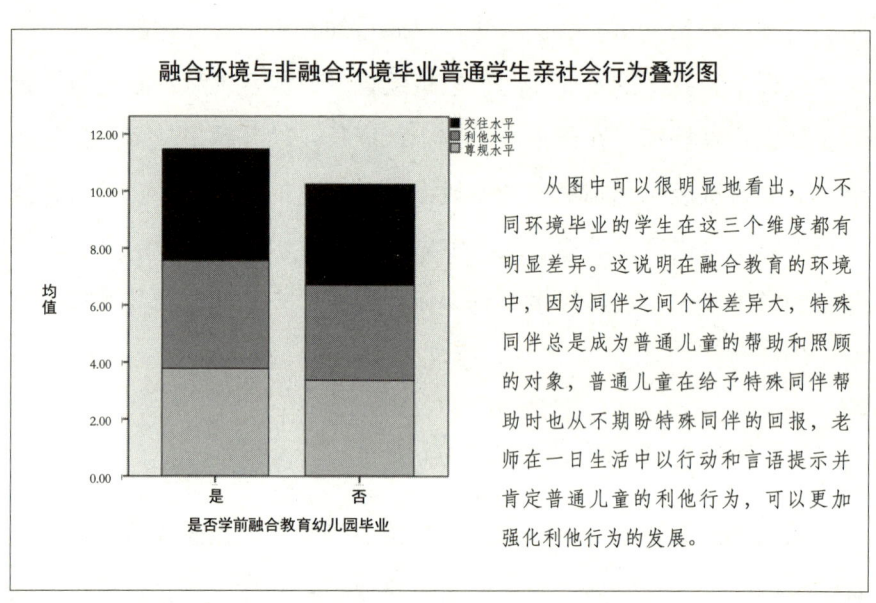

从图中可以很明显地看出，从不同环境毕业的学生在这三个维度都有明显差异。这说明在融合教育的环境中，因为同伴之间个体差异大，特殊同伴总是成为普通儿童的帮助和照顾的对象，普通儿童在给予特殊同伴帮助时也从不期盼特殊同伴的回报，老师在一日生活中以行动和言语提示并肯定普通儿童的利他行为，可以更加强化利他行为的发展。

（图片来源：郑州市管城回族区教育局、壹基金、心智障碍服务创新联会：《中国融合教育良好实践研讨会案例集》，2013。）

3. 学前融合教育怎么做

学前融合教育终究要通过实践来落实，若要致力于践行学前融合

---

[1] 参见崔凤鸣、倪震、郭锐编写的《融合与发展——关于残障的法律手册》。

教育的理念，并将其融入幼儿园原有的工作中，保障每个幼儿享有适宜教育的权利，有几点实践融合教育的基本要求需要幼儿园掌握应用。

3.1 领导发挥积极作用

行政领导支持是促进学前融合教育成功的主要因素，主要包括园长对全园工作的管理和支持、行政主管对学前融合教育实践工作的督导和支持。"校长负责规划、实施融合教育的策略，并与全体教职员工共同承担教育所有学生的责任。"[1]作为行政主管，各管理岗位要尽力确保所有团队成员明白自己的角色和地位，并且了解同事希望自己给予的支持帮助。通常，行政主管一个小小的鼓励、一些关心和更多的欣赏，都能促进团队成员共享工作任务。具体来说，行政层可以从以下几个方面支持幼儿园的融合教育工作。

使命宣导，支持环境建设。园长可以带领全园教职工共同营造平等、尊重、接纳和合作的幼儿园融合教育文化环境，让每个进入幼儿园的教师和幼儿感受到安全感和归属感，每个人都获得接受认可，每个人的需要都得到关注和重视。

统筹协调，促进队伍建设。相信这项工作在每个幼儿园都已落实且做得很好，但在融合教育环境中，从园长至教师需要更加用心关注每个幼儿的特殊需求，而有些需求需要得到幼儿园各个部门的共同支持。如某些容易过敏或者患有罕见病的幼儿，在饮食、环境、健康等各方面或许都会有一定的特殊需求，需要厨房、保洁及保健医等相关人员共同提供相应的支持，这时就需要园长或行政管理人员统筹协调各部门的工作。

---

[1] 邓猛主编《融合教育理论反思与本土化探索》，北京大学出版社，2014。

定期教研，促进教师成长。 每个幼儿园都会有自己独特的教研方式，园长/融合负责人/教学主管可以在幼儿园原有教研工作的基础上更深入地分析幼儿问题行为、如何调整课程以更好地适应每个儿童的发展以及如何更好地进行团队协作等内容。

整合资源，支持园所发展。 园长可以通过整合专家讲师、巡回辅导团队、培训资源或心理赋能资源，给教师提供专业的成长平台和机会，不断提升教师的专业能力，增强其成就感。

心理疏导，增强教师信念。 一些需求差异明显的幼儿进入幼儿园确实会在一定程度上增加教师工作的复杂程度和心理压力，园长可以通过定期组织一些团建活动，如茶馆谈心、观影等，帮助教师缓解心理压力。

3.2 全园有效参与

全社会已经达成基本共识：在任何一所学校里，所有的教职工都承担着教育学生的责任，无论这个学生是否在自己的班级。学前融合教育是幼儿园教师、家长、幼儿相关方共同参与、携手推动的一个系统工程。

图 1-1 清晰地呈现了普通幼儿园在实践融合教育过程中的主要执行者和参与者的关系与角色定位。多年的学前融合教育探索与实践证明，幼儿园的每一位教职工都在融合教育实践中发挥着重要的作用。但同时也有不少实践者被同一个问题困扰着，那就是如何才能在幼儿园原本的工作中自然地融入融合教育。

为了促进所有幼儿在普通教育环境中获得进步与发展，幼儿园必须采取有效的措施，并建立一定的工作机制，以便让不同的人员能够最大限度地发挥他们的积极作用。这样的工作机制首先体现在岗位设置和人员安排上。

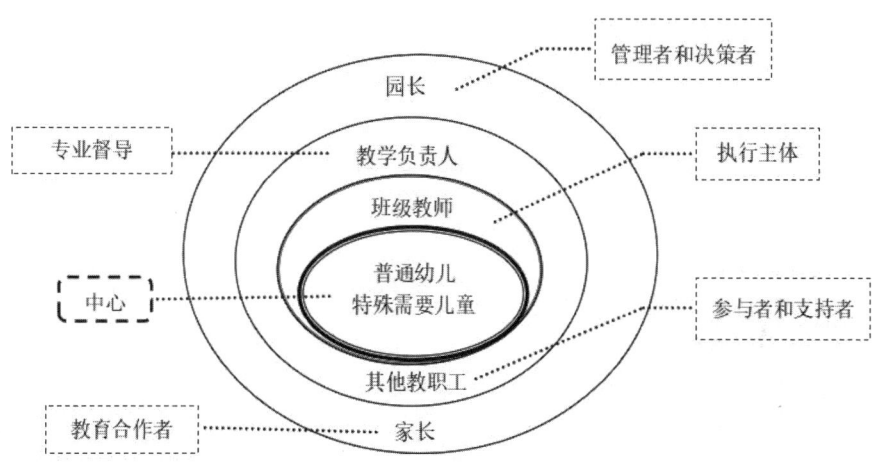

图 1-1　学前融合教育主要执行者和参与者关系图

园长是幼儿园的决策者和管理者,更是政策的执行者和推动者,园长对待融合教育的态度直接影响融合教育实施的效果。教学负责人在幼儿园的教学工作中起着管理、专业督导的作用,他带领的团队是实施融合教育工作的主体,是融合教育的直接实践者,承担着执行融合教育实务流程的职责。

原则上来讲,融合教育首先是教育,那么它的所有工作都应当体现于教育活动的所有环节。但事实上融合教育在实践过程中遇到了较大的挑战,很多幼儿园不清楚如何顺利执行融合教育实务流程,或者尚未意识到融合教育工作的重要性而将其从原有的教育工作中剥离,安排保健医或者普通一线教师负责幼儿园的融合教育工作。这样推进的结果是,由于保健医和普通一线教师基本没有任何关于教学工作方面的管理权和决策权,导致融合教育工作在推进过程中困难重重。

因此,负责融合教育工作的岗位至关重要。一般来说,园长直接兼管融合教育工作是最理想的状态,这样能将融合教育工作在本园全面铺开,教学负责人承担融合教育工作也有一定的优势,可以在教学工作中深入地推进融合教育专业。咨询与接案人员也是融合教育实践过程中的一个重要角色或岗位,园长、教学负责人等都可以承担咨询与接案的角色,幼儿园可安排园内工作人员兼任这项工作,并根据实际情况进行灵活调整。

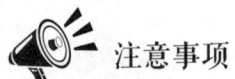 注意事项

□ 切记融合教育工作必须由园长或教学负责人直接负责,因为融合教育不仅仅限于对特殊需要幼儿的服务,而是重在对服务流程的管理,更重要的是带领团队,这些工作都需要具有一定决策权和统筹协调能力的员工来承担。

□ 幼儿园也可培养1~2名咨询与接案教师来长期负责这项工作。安排专人负责咨询与接案,既有助于建立稳定的入园流程又有利于培养教师的专业能力。

3.3 团队主动协作

从图1-1中已得知融合教育不是某一个教师的工作,而是需要全员参与的工作,无论是班级教师还是后勤工作人员,都在融合教育实践中扮演重要的角色,发挥重要的作用。团队协作不单指某个班级团队,同时也包括整个幼儿园范围内不同层级以及不同班级教师之间的协作。

3.3.1 教师间的协作

教师间的协作包括同一个班级与不同班级教师之间的协作两种形式。不同班级之间可以通过教研活动共同探讨课程的设计，也可以就如何更好解决幼儿行为问题展开讨论等。在班级教学方面，很多幼儿园采用团队教学，主要有以下四种团队教学方式。

一个小组，一个活动：一个主班教师，另一个教师和生活教师巡回走动，对某个具体的幼儿实施帮助。

两个小组，两个活动：每个教师带领一个小组工作，这样幼儿有更多的机会参与。

一个小组，多个活动：一个教师和其中一个小组的幼儿在一起，而另一个教师管理并提供必需的帮助来确保所有的儿童都参与到活动中。

不分组，多个活动：两个教师管理和提供必要的支持，确保所有的儿童都参与到活动中。

教师协作案例：洛阳市洛龙区第二实验小学附属幼儿园是洛阳市一所乡镇中心幼儿园。金园长（负责幼儿园的整体管理）带领园内教师制定并形成了每月开展一次听评课、每周五幼儿离园后全园教师开展教研活动的制度和习惯。每周的教研活动一般以平行班组为单位，内容主要包括下周的课程计划和幼儿的问题行为。园内几个需求差异较大的幼儿获得了所有教师共同的关注，几乎每个教师都能细数这些幼儿的特点。通常教师们在讨论课程计划时，会就如何让课程更具趣味性或者如何引导有特殊需要的幼儿参与活动展开激烈的讨论，教师们总能够在彼此身上获得有益的建议。在这样的环境下，幼儿园的教师不仅关注到了特殊需要幼儿，同时也更多地关注到了普通幼儿的挑战和需要，教师自己也得到了快速成长。

3.3.2 其他职工与教师之间的协作

幼儿园的其他职工如保健医、门卫师傅、保洁人员、厨师，甚至有些幼儿园聘请的兼职养护花草的工作人员，他们都在幼儿的教育中扮演着重要的角色，可为有特殊需要的幼儿以及教师的教学工作提供积极的支持。当行政领导为教师和其他职工之间构建一个系统之后，教师和其他职工就可以进行有机的协作。

门卫师傅负责幼儿园的很多安全工作，幼儿入园离园、家长偶尔的咨询都需要通过他们来传达，他们对孩子尊重、包容和支持的态度会让家长看到幼儿园的专业性，无形中缓解他们的焦虑，增强家长的安全感和对幼儿园以及教师的信任感。部分有特殊需求的幼儿也会伴随一些生理上的需求，如"唐宝宝"多数在心脏、视力方面受到影响，或者伴随咀嚼力不足、容易发胖等问题，需要在饮食、运动、教学等方面给予针对性的支持，这时就需要保健医与教师保持良好的沟通和协作。保洁人员亦如是，他们活动于幼儿园的室内、户外，一些幼儿因其需求会暂时离开教室，他们对幼儿的支持可以对教师的正常教学活动起到重要的补充作用，可在此过程中协助教师提供观察、保护其安全的支持。

 知识拓展

全纳学校的特征

要成为全纳学校，必须要遵循全纳学校的一些基本原则。英国全纳教育研究中心和其他组织提出了以下的一些基本原则，也许会有助于我们更好地理解全纳学校的特征：

1.全纳学校是以社区为基础，面向整个社区，人人都是受欢迎的、

积极的、不同的,不存在筛选、排斥或拒绝。

2. 全纳学校应排除各种障碍,对所有人开放(物质方面包括校舍和场地,教育方面包括课程、支持系统和交流方式等)。

3. 全纳学校注重集体合作,注重与其他学校的合作而不是竞争,在校内也同样。

4. 全纳学校是一个民主的场所,主张平等,所有人都有权利和责任,都有均等的机会受益于和参与校内外的教育。

5. 全纳学校要公开声明其平等观和全纳观。

6. 全纳学校领导要公开拥护全纳思想和机会均等。

7. 全纳学校应具有教育人员和代理人员相互协调的服务系列。

8. 全纳学校应建立合作体系,促进师生间的自然互助联系。

9. 全纳学校教师的角色可以是灵活的。

10. 全纳学校应与家长建立合作,使家长参与学校的规划和发展。

(资料来源:黄志成:《全纳教育、全纳学校、全纳社会》,《中国特殊教育》2004 年第 5 期。)

3.4 构建无障碍的环境

实现学前融合教育价值的基础保障是无障碍环境创设。无障碍的幼儿园环境创设是通过设置和改善园内建筑、教学设施材料等物理环境设施,营造尊重包容的文化氛围,以排除幼儿园及其周边环境中对有特殊教育需求的幼儿造成障碍的不利因素,为幼儿提供更加便捷舒适的生活环境。无障碍的环境绝不只是为了少数幼儿的利益,而是为幼儿园所有师生创造安全、平等、便捷的整体生活环境。无障碍的环境主要包括有形的物理环境无障碍、无形的信息交流无障碍和文化环境无障碍。本手册为读者提供一些创造无障碍环境的实用方法。

3.4.1 构建无障碍的物理环境

物理环境的无障碍主要包括两个方面，一是建筑和设施的无障碍，例如坡道、扶手、无障碍电梯、无障碍卫生间等设施的调整与改造；二是教室空间的布置与安排，例如防滑垫、尖角护具等安全设施，或者根据幼儿的不同障碍类型调整桌椅高度、布置视觉提示等空间安排。"物理的融合是指学生能够顺利地进入班级上课，这是融合教育的最低标准，也是首要条件。"[1]

3.4.2 创建无障碍的信息渠道

信息无障碍是指任何人（无论是障碍人士还是普通人士，无论是年轻人还是老年人）在任何情况下都可以平等地、方便地、无障碍地获取信息、利用信息。在融合幼儿园，特殊需要幼儿或者一些发展稍慢的幼儿会遇到不同性质的障碍，如听力障碍、语言障碍等，幼儿园便需要设计一些辅具或者教学方法来提供针对性的支持。

视觉提示。视觉提示既是创建无障碍物理空间环境的重要方式，又是支持特殊需要幼儿获取信息的重要渠道。教师可以通过图片或者画简笔画的形式与有需求的幼儿进行沟通，如用图片呈现一日生活流程；面对语言表达与理解困难的幼儿，教师可提前制作一些常用的图片随身携带以随时与其沟通；或者通过现场画简笔画帮助幼儿理解一些内容，如理解活动内容、活动流程、活动规则等，此方法适用范围较广，且有利于吸引幼儿的注意力，包括教学活动设计、解决幼儿间冲突或者与幼儿沟通等诸多环节。

听觉提示。针对视力障碍幼儿或者听觉型的自闭症幼儿，教师可在各活动环节设置铃鼓、音乐、有声读物等听觉提示的内容，来帮助

---

[1] 邓猛主编《融合教育理论反思与本土化探索》，北京大学出版社，2014。

他们获取重要的信息。

科技辅具。近年来有一些科技产品也被用于融合教育环境中,支持特殊需要幼儿的有效沟通,如电子沟通板可用于支持听力障碍、语言障碍的幼儿,有声读物可用于支持视力障碍幼儿。

注意事项

□ 要认识到上述这些辅具都只是辅助交流的工具,重点是教师需要通过这些辅具来支持幼儿的语言理解和沟通等方面的发展。

□ 在使用图片辅具时,教师首先要帮助幼儿建立图片与行为的联系,如提醒幼儿小便,最初让幼儿看过图片之后,教师需要带着幼儿到卫生间小便,如此反复几次,待幼儿建立图片与小便的关系之后便可用图片提示或与其沟通。若要了解更加详细的内容和方法,可阅读有关辅具沟通方面的书籍。

3.4.3 营造无障碍的文化氛围

物理环境设施和信息交流无障碍的建设都属于操作层面,相对来说较为容易,而融合的文化氛围则属于幼儿园的文化与意识层面。幼儿园文化是幼儿园发展的核心与灵魂,决定着幼儿园的发展战略与规划,同时它是进行融合教育实践的基础和土壤。融合的幼儿园文化主要从平等、尊重、接纳、合作几个方面展现其深刻的内涵。融合的文化氛围不仅可以促进特殊需要幼儿更好地融入幼儿园,最重要的是幼儿园所有师生都可以从中受益。设想一下,通过营造融合的文化，领导与教师之间互相理解与支持、教师之间相互合作与支持、师生之间互相尊重与包容、幼儿之间互相模仿与学习，这是否是每个幼儿园都希望达成的状态？营造幼儿园融合文化氛围可以从以下几个方面着手。

第一，营造理解与支持的领导关系。园长是幼儿园的管理者、决策者，园长的态度直接影响融合教育实践的效果。园长在幼儿园文化创建中发挥着不可替代的作用，因此园长首先要认同融合教育理念，营造尊重、支持的团队关系，理解教师实施具体工作的困难，并能给予全力支持。同时，教师也需要时常站在领导的角度思考幼儿园的整体工作，多和领导沟通幼儿园、班级的工作状况，或者假设自己是领导将会如何决定某些事情，从而理解领导的某些决策。

第二，建立合作与支持的师师关系。教师是幼儿的直接教育者，教师的教育理念及教师之间和谐融洽的氛围对幼儿的行为和价值观有着直接的引导作用。园长可通过组织一些团建活动来促进师师关系的建立。

形成团队共识。 建立合作关系最重要的是教师理念要达成共识。园长可以通过参与式讨论、头脑风暴等形式带领全体教师共同参与讨论融合教育文化，发现并分析融合教育文化对幼儿园发展的益处；也可以组织教师赏析相关影片，共同观看一些与特殊需要幼儿相关的电影、纪录片或微电影等，从而引导教师团队对幼儿园的文化和目标达成共识。

障碍体验活动。 在活动中分组设置一些不同类型的障碍，如蒙上眼睛体验视力障碍、通过英语或者其他的说话方式体验语言障碍、通过坐轮椅体验肢体障碍等。请小组内的教师轮流体验这些障碍，其他教师则通过讨论设计方案合作解决这些障碍。通过这些活动，教师不仅会对障碍有更加深刻的体会，同时可以促使教师拓展思维，寻找更多合作的方法。

其他团建活动。幼儿园可定期组织一些团建活动，设计一些游戏环节让教师们体验合作的重要性。

第三，打造相互尊重的师生关系。互相尊重、融洽的师生关系是建立融合文化氛围的重要组成部分，互相尊重的师生关系的建立往往能够成为一种动力，使融合教育发挥最大的效能。在师生关系建立的过程中，教师起着绝对的主导作用。

幼儿入园前的家访或者新生访园是建立师生关系的一个重要时机。初次见面，教师可以给予幼儿充分的尊重，让他体会到自己与教师是平等的。

在幼儿园生活过程中，教师需要用心地观察每个幼儿的习惯与爱好，并经常给予其鼓励，每次答应幼儿的事情一定要做到，这样可以建立幼儿对教师的信任。

第四，引导幼儿建立尊重、接纳、互帮互助的同伴关系。同伴在融合教育中扮演着关键的角色，他们是特殊需要幼儿在普通环境中的"自然支持"力量。和谐有效的同伴关系可以迅速提升特殊需要幼儿的安全感和归属感，增加特殊需要幼儿与同伴的互动交流机会，同时能够为普通幼儿提供分享、帮助的机会，实现所有幼儿双赢发展。具体有以下几种方法供读者参考。

新生介绍。一般情况下，建议普通幼儿入园两周，趋于稳定后，再安排特殊需要幼儿入园。这两周内，融合班级教师可以提前收集幼儿的基本资料和照片，如兴趣爱好、优点等，请家长或志愿者为幼儿制作成视觉材料 PPT，安排大组活动课程分别介绍班级里的幼儿；对特殊需要幼儿，可以用照片或视频的方式介绍，除介绍其兴趣爱好及优点外，还可介绍其困难和一些特殊的表现，组织幼儿讨论和其交往时要注意的事项以及如何和他交朋友。

明星时刻。教师可以设计"明星时刻"活动,让班级中所有幼儿轮流当"小明星",请其他所有同伴一起来说说该名幼儿的优点。

建立关键同伴关系。在特殊需要幼儿与班级同伴的互动过程中,教师可以观察他喜欢的同伴,并通过支持其与喜欢的同伴互相分享、就近安排座位等方式增加彼此间的互动机会,帮助其逐渐建立良好的同伴关系。在此过程中,教师同样要引导这名普通幼儿以正向积极的方法回应特殊需要幼儿。

"明星时刻"案例:

苹果班又到了小朋友们的明星时刻,今天轮到关关(一名自闭症幼儿)来当小明星了。老师请所有的小朋友围成一个半圆坐下,开始了激动人心的"明星时刻"。

敏敏老师:"小朋友们,今天又到了我们的明星时刻。关关每天跟我们一起玩耍,一起活动,那你们觉得他身上有哪些闪光点?有哪些让我们学习的地方呢?"

小朋友们争先恐后地举手。

"每次等小朋友们都进屋里,关关帮我们关门!"

"他还帮我们扫地!"

"我喜欢关关,因为他是我的好朋友,总是愿意陪我玩。"

"关关总是笑嘻嘻的……"

"他力气很大,我们班的推拉门只有他能打开,而且每天起床后都帮老师抬床。"

"关关弹琴特别好听,他是钢琴王子!"

…………

小朋友们都是不假思索,脱口而出,每次小朋友说出关关的一个优点，敏敏老师便会在大白纸上画出来。到最后，小朋友们看到大白纸上的内容，自己都被惊呆了："哇，好多优点啊！"

敏敏老师："小朋友们，今天你们有没有又发现关关的一个优点呢？"

小朋友们都看向关关，关关挺着小胸脯笑嘻嘻地坐在自己的小椅子上，一个小朋友举手喊道："老师，我发现了，关关今天没有跑来跑去！"

敏敏老师："是的，你真棒！看来关关很喜欢自己的明星时刻呢。"敏敏老师引导小朋友们发现了关关不仅有很多闪光点，而且还经常能够帮助别人。

最后，敏敏老师总结说："小朋友们，你们看，每个人都有自己的闪光点，这些闪光点有与其他人一样的，但更多的是与其他人不一样的。而且，每个小朋友都可以在不同的地方帮助到别人。所以啊，你们每个人都是我们班的小明星！"

 注意事项

☐ 在向普通幼儿介绍特殊需要幼儿时，教师需要提前与特殊需要幼儿的家长沟通，请其提供一些照片或视频。建议在特殊需要幼儿入班之前进行介绍。

☐ 每个小朋友都可以有自己的"明星时刻"。"明星时刻"活动可以帮助小朋友们正确认识自己，了解别人眼中的自己是什么样的，同时也能帮助小朋友们发现别人的闪光点，认识到每个人都是不同的，都有自己的价值。

☐ 建立同伴关系时，教师的引领起着关键的作用，教师的态度和做法总会在无形中影响普通幼儿对特殊需要幼儿的看法与态度。

知识拓展

校园融合文化创设的相关电影及纪录片推荐

电影类

孤独症：《雨人》（Rain man）、《我的名字叫可汗》（My name is Khan）、《自闭历程》（Temple Gradin）、《马拉松》（Marathon）、《莫扎特与鲸鱼》（Mozart and the Whale）、《海洋天堂》（Ocean Heave）、《亚当》（Adam）、《玛丽与马克思》（Mary and Max）、《本 X》（Ben X）……

听力障碍：《失宠于上帝的孩子》（Children of a Lesser God）、《绽放》、《无声的呐喊》（Silent Scream）、《轻轻紧握你的手》、《走出寂静》（Jensites der Stille）、《妙趣孖宝》（See No Evil,Hear No Evil）、《那年夏天，宁静的海》、《听说》……

视力障碍：《真情难舍》（At First Sight）、《星愿》（Fly Me to Polaris）、《天堂的颜色》（The Color of Paradise）、《听见天堂》（Red Like the Sky）、《闻香识女人》（Scent of a Woman）……

智力障碍：《我爱罗兰度》、《水班长许东奎》、《不一样的爸爸》（又名《我是山姆》《他不笨，他是我爸爸》）、《爱的真谛》、《低一点的天空》、《阿甘正传》……

其他残疾或者情绪行为障碍：《我的左脚》（小儿麻痹所致的肢体障碍）、《我的天才宝贝》（天才儿童）、《放牛班的春天》……

纪录片类

《白塔》（听力障碍）、《我的梦》（多种障碍类型）、《孤独的记忆》《筑巢人》（自闭症）、《轮椅上的竞技》《海伦·凯勒》（视力障碍）、《尼克胡哲》（肢体障碍）、《乌托邦》（智力障碍）、《月亮的孩子》（白化病）……

（资料来源：邓猛主编《融合教育实践指南》，北京大学出版社，2016，第 22—23 页。）

3.5 关键的过程管理

过程管理是将活动和资源作为过程来进行有效管理，确定组织的目标和实现这些目标所需的过程，为管理过程确定职责、权限和义务，减少跨部门壁垒，高效利用资源，建立协调一致的过程体系，始终得到预期的结果。学前融合教育的过程管理必须通过管理实务流程来落实，即在"咨询与接案——入园建档——编班安置——计划与实施——离园/转衔"的实务流程中，通过岗位设置、人员安排、环境创设、专业服务等确定各岗位的职责，整合和高效利用资源，保证每个幼儿都能够获得适合的教育。在这个实务流程中幼儿园要以幼儿为中心，以幼儿和家长的需求为出发点，通过对实务流程的管理确定每个环节相互衔接、相互作用的关系，分析个别环节的变更对整个实务流程的影响，提升全员改进过程的意识和能力。

其中的计划与实施是真正实现高品质融合教育的核心环节。它是真正实现因材施教、促进幼儿个性化发展的有效工具。计划与实施是指从幼儿入园起，幼儿园为其提供的评量、制订个别化教育计划和个别化融合教育计划、实施个别化融合教育计划以及评鉴等一系列专业服务。它是让人力资源、"以儿童为中心"的理念及服务资源有效结合的过程。如图 1-2 所示，这个过程从幼儿入园起便已开始，在 3 年的幼儿园生活中，以半年为单位进行循环。在这个过程中，人员安排、团队协作以及环境创设等关键因素贯穿始终。具体内容将在第二章中详细说明。

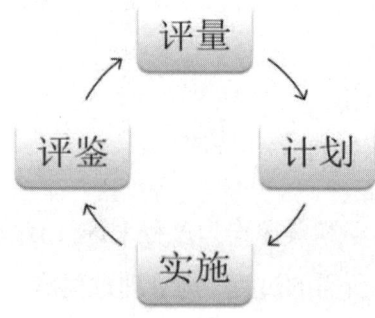

图 1-2　计划与实施环节循环图

3.6 清晰的逻辑关系

学前融合教育中几项基本工作有着清晰的逻辑关系，如图 1-3 所示。首先，创设无障碍的幼儿园环境是学前融合教育实践的基础保障，对任何幼儿园来说都是意义重大且无须投入大量成本的工作，所有的幼儿园都需要从此处开始。其次，全园参与和团队协作是学前融合教育成功实践的组织保障，任何性质和状态的幼儿园都可以在此方面进一步推进。最后，执行学前融合教育的专业实务流程是成功实践融合教育的核心和专业保障。在实践中最重要的是将融合教育工作融进幼儿园原有的教育工作中，师资配备为 1 教 1 保的幼儿园可以实现在专业上给予特殊需要幼儿一定的支持，师资配备为 2 教 1 保的幼儿园可以较好地实践整体的专业流程。

第一章　学前融合教育的基本要求

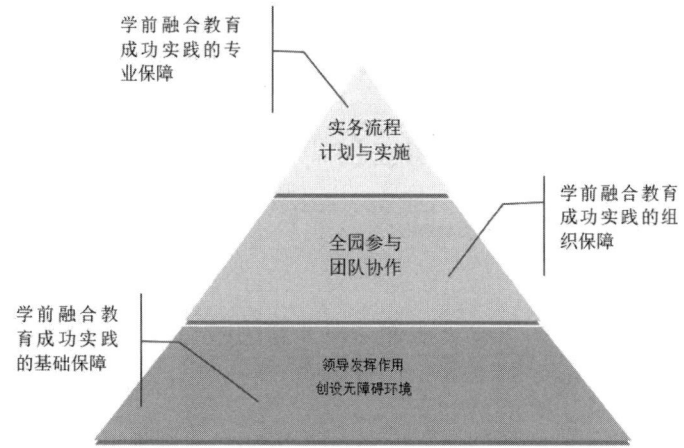

图 1-3　学前融合教育中基本工作逻辑图

第二章 学前融合教育的实务流程

学前融合教育的专业实践强调以儿童为中心，是一个需要园长、教师、家长、儿童及相关专业人员参与的系统活动过程。那么，学前融合教育的实际工作如何展开？各岗位或角色承担和参与哪些实际工作？在具体融合教育过程中如何相互支持和协作？本章将通过流程图和步骤说明来进行介绍。

1. 学前融合教育实务流程及操作说明

1.1 学前融合教育实务流程整体说明

学前融合教育服务全流程是从幼儿报名咨询开始，依次经过接案、建档、编班、循环制订与实施计划，一直到幼儿离园或进入小学的整个过程。基本上每个幼儿在幼儿园都会经历这样一个过程，只是过程中的一些细节内容有所差别。可想而知，特殊需要幼儿进入幼儿园的流程与普通幼儿大同小异，只是需要根据幼儿的不同需求而做适当灵活的调整。下面介绍的根据幼儿的特殊教育需求所调整的实务流程，读者可以根据实际情况将流程融入本园日常的实际工作中。如图2-1所示，这个流程包括咨询与接案、入园建档、编班安置、计划与实施及离园/转衔五个环节。在这五个环节中，咨询与接案、入园建档和编班安置三个环节都是在幼儿真正融入幼儿园生活之前所做的工作，这些工作是确保幼儿进入幼儿园接受优质教育的准备，即为幼儿的"在场""参与""接受适宜的教育"创造环境。计划与实施环节则是真正落实"参与"和"适宜的教育"的因材施教的核心环节。

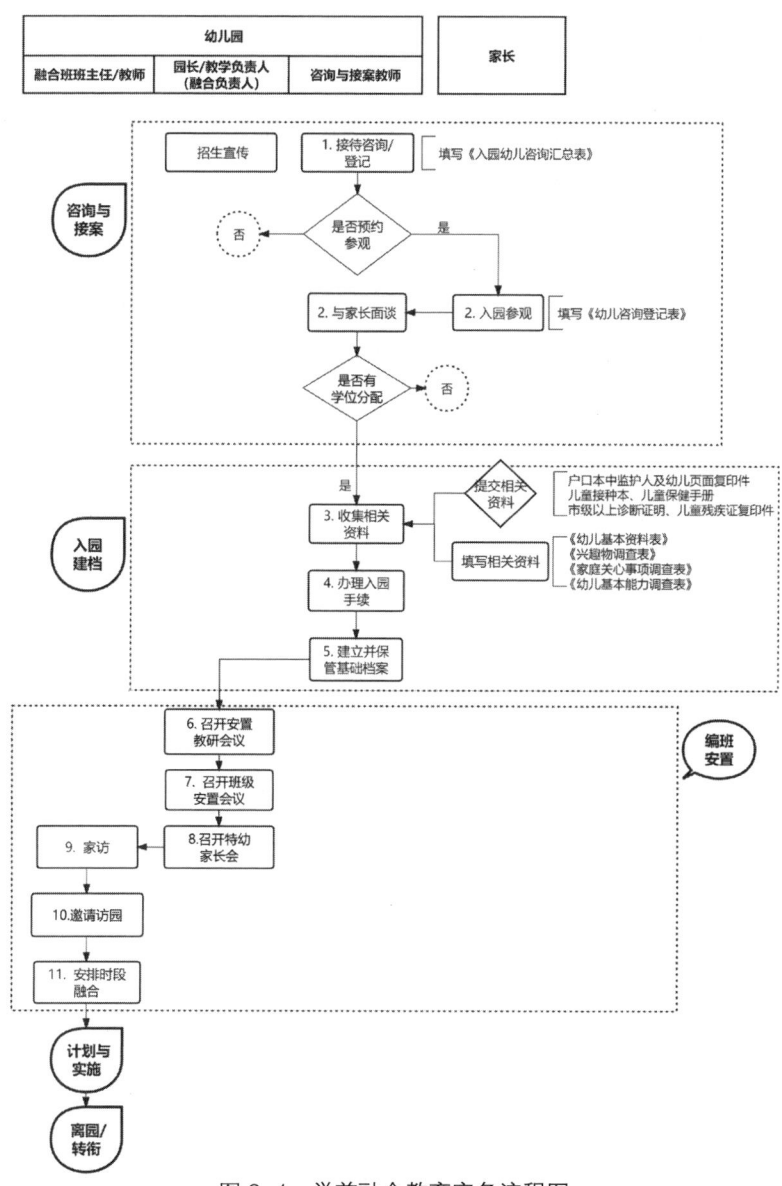

图 2-1　学前融合教育实务流程图

咨询与接案。该环节涉及的主要人员包括家长、咨询与接案教师和园长/教学负责人,为有需求的家长提供咨询服务。由于在咨询与接案过程中也许会出现某些需要决策权的时刻(如预约家长参观),因此行政领导需要给予咨询与接案教师一定的权限,并且要培养咨询与接案教师的专业能力。

入园建档。入园建档是指咨询与接案教师收集幼儿相关资料和建立基础档案的过程,这个环节需要咨询与接案教师与家长进行有效的沟通与互动。收集资料的过程中也许会出现家长不知道如何填写、家长对提交资料有疑虑等情况,园长需要协调有经验的教师给予一些支持,或者直接与家长进行必要的沟通。

编班安置。编班安置是涉及人员较多的环节,它关系到幼儿被安置到哪个班级、基础档案的转接以及幼儿时段融合的计划与安排。这时需要园长/教学负责人发挥领导作用,组织安置会议,为幼儿选择合适的班级,并协调安排咨询与接案教师向班级教师转交工作和幼儿档案。

计划与实施。幼儿进入班级后,工作便进入计划的制订和实施环节,包括评量、制订教育计划、实施以及评鉴四个步骤。这四个步骤是一环扣一环的螺旋式上升循环,每次循环时间长短根据幼儿的需求和幼儿园的要求而定,一般为半年。计划与实施环节和其他四个环节有着明显的区别,其他四个环节都是阶段性或一次性的,而计划与实施环节是周期性、多次重复的循环服务过程。

离园/转衔。离园/转衔是指幼儿从幼儿园即将毕业进入小学或其他服务机构的阶段。这个环节关系到幼儿园与小学/机构的跨单位合作,需要幼儿园发挥自己的资源优势和专业能力,与相关的小学/机构共同协作为幼儿进入新的成长阶段创造有利条件和环境。

1.2 学前融合教育实务流程具体步骤说明

咨询与接案、入园建档、编班安置三个环节分为如下11个步骤。

第1步 接待咨询与登记。 当有特殊需要幼儿家长咨询入托时，咨询与接案教师（也可请园长/教学负责人）负责咨询、登记、面谈等各项接案工作，并填写《入园幼儿咨询汇总表》（表3-2，见第三章）。结束时，咨询与接案教师可询问家长是否带着孩子来园参观并预约参观时间。

注意：教师接待家长时要持耐心、理解的态度，以减少或消除家长的焦虑情绪，视情况给家长一些亲子互动的建议，介绍相关资源，推荐成熟的家长组织，或推荐其他幼儿园。

第2步 入园参观，与家长面谈。 入园参观时，咨询与接案教师与家长面谈，向家长详细介绍幼儿园的融合教育理念、方法、招生、就读等相关内容；对孩子进行初步观察与了解，同时请家长填写《幼儿咨询登记表》（表3-3，见第三章），并告知家长若获得入园名额，将会接到电话通知。

注意：当家长带幼儿参观幼儿园时，若有2名咨询与接案教师，则可以分工协作，分别与家长面谈和观察幼儿。

第3步 收集相关资料。 幼儿获得入园名额后，咨询与接案教师须及时通知家长准备并填写相关资料。准备资料和填写资料详见图2-1中所示。

注意：表格最好由幼儿的主要照顾者独立填写，或者家庭成员一起讨论填写。

第4步 办理入园手续。 上述资料收齐后，咨询与接案教师可根据本园程序为幼儿办理入园手续，签订入园协议。

第 5 步 建立并保管基础档案。 咨询与接案教师将上述所有资料根据时间顺序进行整理，建立特殊需要幼儿的基础档案并暂时保管。

第 6 步 召开安置教研会议。 建立基础档案后，园长/教学负责人组织咨询与接案教师、相关治疗师（如有必要）等相关人员召开教研会议，讨论分析适合特殊需要幼儿的融合班级，并可参考《幼儿安置建议表》（表 3-8，见第三章）进行记录。

第 7 步 召开班级安置会议。 教学负责人/园长依次组织咨询与接案教师、融合班组全体教师、相关治疗师（如有必要）召开安置会议，分别安排幼儿进班。在该会议上，咨询与接案教师正式向教学负责人和班级转交档案资料，证件资料转交教学负责人保管，基础档案资料转交班级保管。

第 8 步 召开特幼家长会。 新学期开学前，园长组织召开特殊需要幼儿家长会，告知家长幼儿的安置情况、幼儿入园的准备工作以及家园互相配合协作的要求。

第 9 步 家访。 幼儿安排好班级后，班主任与家长预约合适的时间安排首次家访。

第 10 步 邀请访园。 在家访后，班主任可邀请父母带幼儿访园 3~4 次，每次 1~2 小时，以熟悉幼儿园的环境和同伴。

第 11 步 安排时段融合。 班级团队可在该阶段分析特殊需要幼儿的优势和困难，因人而异地安排幼儿进行时段融合。

计划与实施。班级团队每学期为幼儿开展评量、计划、实施、评鉴的循环工作。该项工作是学前融合教育的核心内容，它是体现融合教育"参与""适宜的教育"两个内涵的关键环节。缺少这个环节，特殊需要幼儿便只是简单地被安置于幼儿园，不能称为真正的融合教育。但由于这个环节的内容专业性较强、内容复杂，被众多幼儿园提出难以实施,因此考虑到这个环节的专业性和核心作用,下文将会对其做进一步的步骤分解说明。

离园/转衔。在幼儿即将从幼儿园毕业时,园长整合相关资源(如小学、特教学校等),并支持班级教师为其提供相应的支持。

 知识拓展

幼小转衔

幼小转衔发生在从幼儿园进入小学的过程中,由于幼儿园环境和小学环境差异很大,所以幼小转衔对幼儿而言不只是学习阶段的转换,还包括生活形态的不同。优质的转衔服务是幼儿顺利过渡的基础和适应新生活的关键,将有助于幼儿发展出应对未来转移变化的自信与能力。

转衔服务是一个过程,至少需要在幼儿毕业前一年开始,是幼儿家庭与两个单位连续性合作的过程。这样的服务也是个别化教育计划(IEP)的一部分,它包括转衔前的准备、转衔过程中的辅导、转衔后的跟踪,参与人员包括幼儿、家庭成员、幼儿园教师团队、将要就读的小学教师团队、专业支持团队等。

如何支持特殊需要幼儿顺利进行幼小转衔呢?

1. 转衔适应能力评估。幼儿园教师、家庭成员、小学教师一起对孩子和家庭进行评估,也要充分考虑幼儿家庭文化背景的差异性,确定可行的、可评量的转衔目标。

2. 制订和实施幼小转衔计划。教师、家庭及学校共同参与计划,确定转衔的教育指导和服务、各类活动、专业人员及各类资源,召开转衔会议,多方合作,更好地支持幼儿。

3. 专业团队的协调合作。

首先，建立一个支持性的班级环境。新的学校教师团队愿意为特殊需要幼儿提供无障碍的学习环境，在教学方法及教室的环境安排上做必要的调整，未来为幼儿提供更适宜的教育服务，班级的成员能彼此尊重。

其次，幼儿园教师和小学教师的相互交流。幼儿园教师及家长带幼儿到即将升入的学校参访，熟悉学校环境与教师；小学可以派教师去幼儿就读的幼儿园拜访并看望幼儿，了解幼儿在幼儿园的表现和挑战、在幼儿园的成功教育策略等多种信息及相关资料，以便更好地了解幼儿的能力和需求；小学教师也可以到家庭做访视，将家庭成员视为平等伙伴，让家庭感觉受欢迎。

1.3 学前融合教育实务流程重点与难点解析

从上述11个步骤中，我们可以发现其实多数步骤已经存在于很多幼儿园的原有工作中，包括招生、接待咨询、收集报名信息、访园、建档、家长会、家访以及计划与实施中的课程，每个幼儿园都在实践着这些内容，只是在形式、具体内容、深入程度及操作方法等方面存在一些差别。关于特殊需要幼儿的服务，幼儿园均可参照本园原有的工作程序开展每个步骤的工作，同时可以根据本园的实际情况在一些重点步骤方面做得更加细致和深入。但在实际操作过程中，幼儿园通常会遇到一些实施起来困难的步骤，这里对其中的重点与难点步骤作进一步解释说明。

招生宣传。该项工作是融合教育流程中的第一个重点，它是幼儿园在每年招生时，针对所有新入园的普幼家长开展的一项必要性工作，目的是让家长预知融合教育理念以及幼儿园的服务形式，获得家长的理解和认可。它是营造融合的幼儿园文化氛围的一个重要内容，也是做好家园共育工作的一个基本前提。幼儿园可以通过自媒体进行宣传介绍，最重要的是用讲座、观摩的方式，让普通幼儿家长了解并理解什么是融合教育、幼儿园融合教育工作是如何开展的、特殊需要幼儿在融合幼儿园有哪些困难和挑战、融合教育对普通幼儿有哪些益处、融合教育对教师团队的益处等，以消除普通幼儿家长心中的误解和不安。

收集相关资料。一般情况下，特殊需要幼儿入园时需要家长提交的材料主要包括户口本中监护人及幼儿页面复印件、儿童接种本、儿童保健手册、市级以上诊断证明、儿童残疾证复印件，需要家长填写的资料包括《幼儿基本资料表》《兴趣物调查表》《家庭关心事项调查表》《幼儿基本能力调查表》（见第三章）。此环节幼儿园遇到的阻碍主要有：家长不承认自己的孩子有特殊需求，而跟随普通幼儿一起入园；家长觉得麻烦或填写资料有困难；教师方面主要是表格太多，容易混淆，不理解这些资料的意义或不清楚如何使用。

针对以上情况，以下几种方法可供幼儿园参考。

一是如果家长不愿为幼儿办理残疾证，教师需要理解家长。对于障碍程度不同的孩子，教师可以有一些不同的方法：如对障碍程度较重的幼儿，教师可向家长提供一些关于优惠和补贴的政策信息；对障碍程度较轻的幼儿，教师可从幼儿未来发展的角度，如入学、就业等，给予家长一些提示等。

二是如果家长有意回避孩子有特殊需求，幼儿园要尊重家长，不强求家长办理上交。在后续的幼儿园日常生活中，教师可以与家长保持积极持续的沟通，如通过视频、信息等方式向家长反馈幼儿在园中的积极表现和行为问题，逐渐引导家长重视孩子的教育。

三是教师首先要明确资料如何填写并达成共识，在家长填写资料时耐心地提示和引导。关于幼儿基本资料、兴趣物等内容，若幼儿园原有报名表中已有相关信息，幼儿园则可选择使用本园的表格供家长填写使用。

幼儿安置（教研会议）。该步骤强调幼儿园行政领导对教师的支持。行政领导在幼儿安置方面给予充分的协调和支持，不仅可以促进教师团队之间的有效合作，同时可以帮助教师加深对融合教育工作的理解。以下几种方法可供幼儿园行政领导参考：①新的学期，幼儿园可在普通幼儿入园半个月，稳定之后，再行安置特殊需要幼儿。②如果一个融合班组同时接收2～4名特殊需要幼儿，建议幼儿园与家长做好沟通，每隔半个月安置1名入班，避免多名特殊需要幼儿同时入班，导致教师负担过大，而影响班级的经营和管理。③安置幼儿时，幼儿园要考虑幼儿的障碍类型和特质，尽量将相同障碍类型或障碍程度较重的幼儿分开安置，切记避免将障碍程度较重的幼儿安置在同一个班级，以免给班级教师造成压力。④关注班级里男女幼儿的比例及性格特点、特殊需要幼儿的特点与班主任教师性格及工作风格的搭配。⑤幼儿园在管理和安排班级团队时，要充分考虑园内每个教师的性格、能力、优势等因素，尽量让每个班级团队都形成互补、互相促进的最优搭配。

家访。家访是教师与家长建立信任和协作关系的一个重要步骤。这个步骤需要班级教师、行政人员协同完成。园长/教学负责人可在特幼家长会上向家长传递家访的目的和重要性，为家访工作做好铺垫；班级教师需要在家访前根据已有信息讨论并确定适合家访的时间、人员安排。一般情况下，家访工作由2名教师协同进行，班主任提前与家长沟通其方便的时间。

时段融合。这是缓解幼儿入园焦虑、减轻教师压力的一个重要方法，使用该方法时可从以下几点着手：①幼儿入园第1~2周，可安排每天1~2小时的时段融合，并不断调整一日生活流程中不同的融合时间段。②当幼儿熟悉一日生活流程之后，便可以逐渐增加融合时长，直至完全融合。③时段融合的时间并非固定，幼儿园可根据幼儿的实际情况灵活安排，如障碍程度较轻的幼儿可缩短时段融合的持续时间，也许两周就可以完全融合；障碍程度较重的幼儿，可适当延长时段融合的持续时间。

注意：时段融合是帮助幼儿循序渐进适应并融入幼儿园生活的一个过渡环节，最终的目标仍是让幼儿完全融入幼儿园。不建议幼儿园一直采用时段融合的方式来安置幼儿。

2. 计划与实施环节操作说明

2.1 计划与实施环节整体说明

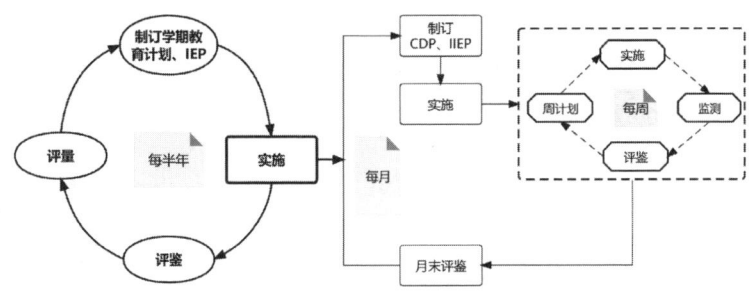

图 2-2　计划与实施环节整体循环图

计划与实施是学前融合教育中的重要环节，它推动教育更加专业化和系统化地发展并适合每一个幼儿。如前文所提到的，此环节的评量、制订教育计划、实施以及评鉴四个步骤组成了一个周期性的循环。

其中学期教育计划是针对所有幼儿制定的计划，而 IEP 则是为需求差异较大的幼儿制订的计划。除首次评量外，每一次的评量结果既是对该阶段计划成效的总结，又是半年后制订下一个计划的起点和参考。

计划与实施的整个循环严密符合管理学中的 PDCA 循环，即计划（Plan）、执行（Do）、检查/监测（Check）、处理（Act）的循环过程。进入幼儿园后，幼儿的服务从首次评量开始进入该循环；在评量结果的基础上进入计划阶段（制订学期教育计划和 IEP），此阶段主要聚焦于幼儿发展目标的确定；执行阶段主要是依据计划中的目标，设计教学活动和方案，同时通过培训、督导为教师提供支持，以实现计划中的目标；检查即评鉴阶段，是对执行计划的结果进行评鉴，明确效果，找出问题；处理阶段是对评鉴结果进行再一次的评量，总结有效的支持策略并继续使用，将没有实现的目标列入下一次的循环中。在执行计划（实施）的环节，又进入更为具体的 PDCA 循环，即从制订幼儿发展计划（CDP）和个别化融合教育计划（IIEP），到投放区域材料，到实施 CDP 和 IIEP，再到月末总结，形成每月一次的循环。其中 CDP 和 IIEP 的执行必然要落实到每周的工作安排与监测，因此在周的维度上又形成每周小循环。这样错落有致的工作在幼儿园循环往复，直至幼儿毕业离园。

针对普通幼儿和特殊需要幼儿的基础评量工具可以通用，所有幼儿的计划都是在此评量基础上制订。但一些需求差异较大的幼儿则需要根据实际情况参考一些其他的评量工具，并制订个性化的支持计划策略。本手册倾向于为读者提供所有幼儿通用的参考流程，但考虑到许多幼儿园难以将特殊需要幼儿的支持融入普通教育工作，某些内容将会特别点出特殊需要幼儿。

2.2 计划与实施具体步骤说明

2.2.1 评量（见图 2-3）

第 1 步 评量准备。 对新入园的幼儿来说，班级教师要汇总整理幼儿从咨询开始所收集到的资料，班主任确定评量团队，组织团队阅读幼儿资料，初步观察幼儿，并讨论选择合适的评量工具。当幼儿障碍程度较为复杂时，班主任可向园长/教学负责人寻求支持，行政领导根据班级需求协调相关专业人员共同参与评量。若是非新生特幼，则可直接转入第 4 步。

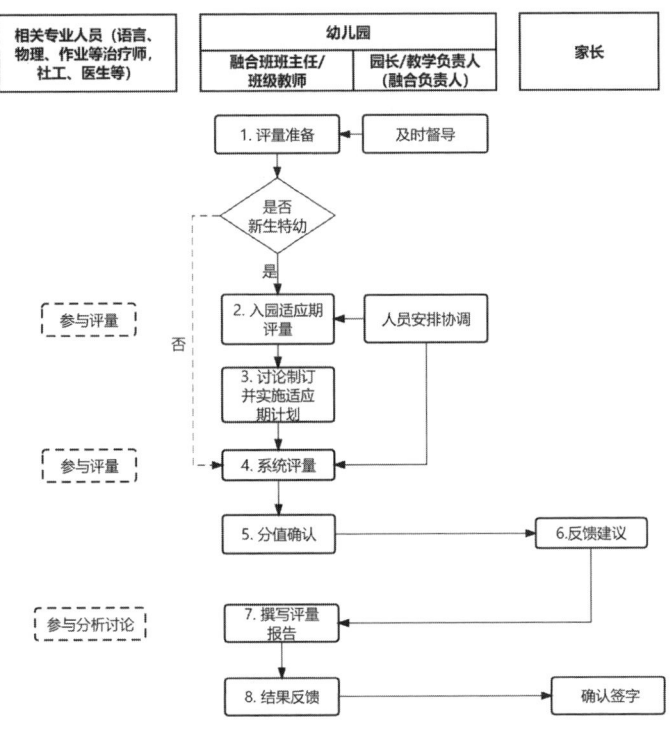

图 2-3 评量工作操作流程图

第 2 步 入园适应期评量。 幼儿入园 2 周内,班级教师团队借助班级儿童日志、《幼儿园一日生活常规评量表》等对其进行跟踪观察,记录一日生活表现,完成适应期评量。适应期评量适用于刚入托的幼儿,以便给幼儿必要的关注及针对性的支持,有利于其顺利度过入园焦虑期,尽快适应幼儿园生活。

第 3 步 讨论制订并实施适应期计划。 根据一日生活常规评量结果,融合班教师团队讨论制订适应期计划,支持幼儿顺利度过入园焦虑期。

第 4 步 系统评量。 幼儿适应园内生活后,班级教师可对其《幼儿基本能力调查表》(表 3-7,见第三章)和《幼儿园一日生活常规评量表》的结果认真分析,选择合适的评量工具(奇色花做法),召集评量团队开展正式评量,观察幼儿各领域表现,收集信息,找准幼儿基线。

第 5 步 分值确认。 评量结束后,班主任请家长阅读评量项目及分值。

第 6 步 反馈建议。 家长阅读评量项目与分值后如有不同意见可做出书面标注,或口头向教师反馈,教师团队对家长有异议的项目进行再次观察,确定最后得分,并请家长签字。

第 7 步 撰写评量报告。 评量团队汇总观察记录材料,讨论分析幼儿优弱势,班级教师撰写评量报告,这里可以参考第三章流程工具中的《评量结果综合分析报告》(表 3-12)。

第 8 步 结果反馈。 班主任/教师与家长预约面谈,在面谈过程中请家长阅读评量报告,沟通评量结果,询问家长对报告的反馈,倾听家长对幼儿园课程和幼儿发展的期待,共同商讨家园共育的内容和策略。家长在仔细阅读后确认签字。

注意：在面谈过程中，若家长提出进一步的想法或建议，教师要给予尊重/肯定/理解，并记录下来以示重视；对家长提出的疑问给予解释或回应。

2.2.2 计划制订（见图 2-4）

第 9 步　准备资料。 班级教师汇总整理并分析幼儿资料，包括《幼儿基本资料表》、《家访记录》、《综合发展曲线图》、《发展分类图》、《幼儿园一日生活常规评量表》及必要的相关专业评量结果、《评量结果综合分析报告》等，确定 IEP 目标。

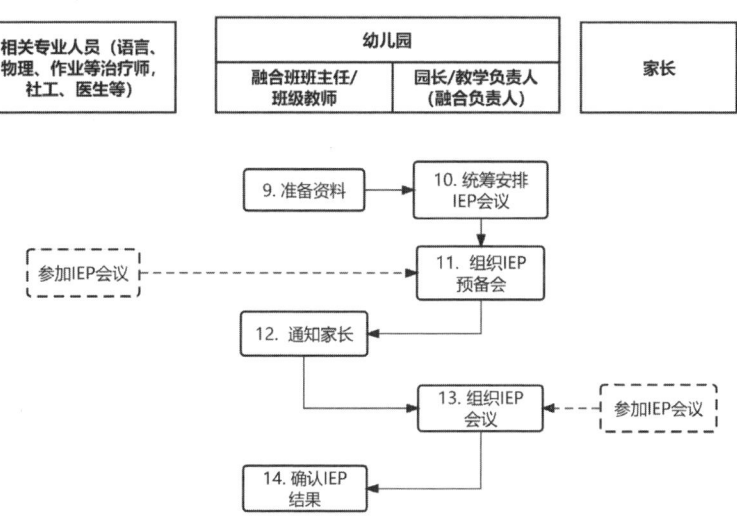

图 2-4　计划制订工作操作流程图

第 10 步　统筹安排 IEP 会议。 当有多个特殊需要幼儿时，教学负责人就需要根据整体教学计划与进度统筹安排 IEP 会议的时间段，并协调参与的教师。

第 11 步　组织 IEP 预备会。 在正式 IEP 会议前一周内，教学负责人提前组织融合班教师召开 IEP 预备会，确定 IEP 会议重点讨论内容、流程以及各成员在 IEP 会议中的角色和任务。

第12步 通知家长。 班主任充分考虑家长的时间，并以《IEP会议通知单》（表3-14，见第三章）的形式正式通知家长。

第13步 组织IEP会议。 教学负责人组织班级教师及相关人员召开IEP会议，讨论幼儿的IEP方案，并请会议记录人在《IEP会议记录表》（表3-15，见第三章）中记录讨论结果。

第14步 确认IEP结果。 班级教师要在一周内整理出IEP资料，包括《幼儿基本资料表》《评量结果综合分析报告》，以及最终的《个别化教育计划（IEP）》（附表1，见附录）。最终的IEP一定要请家长签字认可。

2.2.3 计划实施

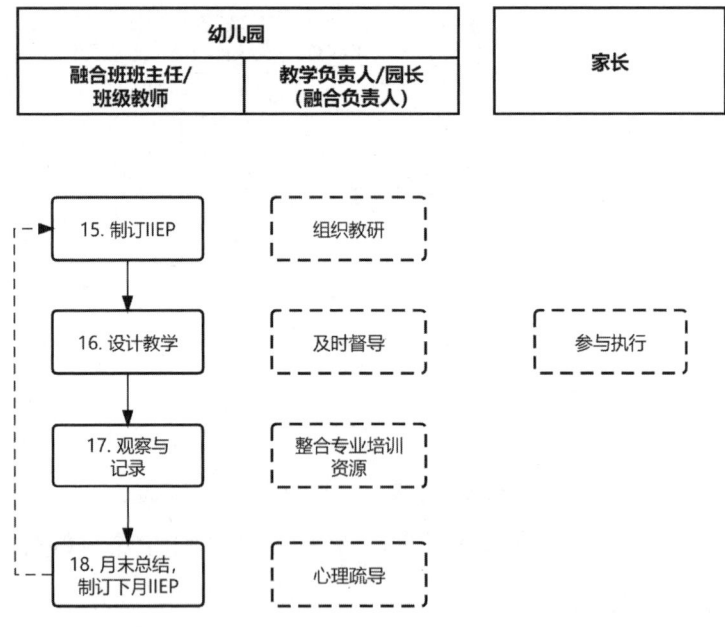

图2-5 计划实工作施操作流程图

第15步 制订IIEP。 班级教师经过讨论，将幼儿的IEP目标进行分解，制订每月的个别化融合教育计划，即 IIEP。每月月末，班级教师团队根据幼儿发展情况记录，挑选下月目标，召开教研会议，确定并撰写《个别化融合教育计划（IIEP）》（附表2，见附录）。

IIEP 制订完成后，班级团队进一步讨论相关活动的设计、执行、负责人、监测人以及合适的记录方式。

第 16 步 设计教学。 对照《个别化融合教育计划（IIEP）》，班级教师讨论确定如何在已有课程模式/结构中融入特殊需要幼儿的目标，认真分析每节课程可以做什么调整。每月底，教师根据班级幼儿情况及特殊需要幼儿目标，选择合适的材料投放到区域。

第 17 步 观察与记录。 在教育教学活动中，教师通过观察法、班级儿童日志、专项记录（如发展曲线图）、轶事记录法、作品取样法、时间取样法等收集特殊需要幼儿的资料。

第 18 步 月末总结，制订下月 IIEP。 每月底，班级团队汇总整理特殊需要幼儿记录资料，总结有效经验，对无进展的目标及时调整教学或支持策略，制订下月 IIEP。

2.2.4 监测和评鉴

监测工作其实持续存在于执行计划的整个过程，根据计划执行的实际情况考虑目标、计划、支持策略等是否需要调整；评鉴工作一般发生于学期末，班级教师团队根据幼儿的发展情况来做整体的回顾。在这里分条呈现该环节的重点内容。

目标检核。 每学期末，班级团队连续收集系统的和可比较的幼儿成长与发展资料，如可运用档案袋评价法，或者评量时使用的工具，评鉴特殊需要幼儿 IEP 长（短）期目标的达成情况以及各自整体的发展情况。

总结经验，挑选下学期目标。 根据评鉴结果，总结有效的教学活动和教学策略；对于未实现的目标，分析问题，并将其列入下学期的 IEP 目标中。

制订下学期 IEP。 进入下一个循环。

2.3 计划与实施环节重点与难点解析

幼儿教育中的每个工作步骤和环节都会影响到幼儿的教育质量，有一些步骤对特殊需要儿童极为重要，这些步骤的缺失会影响到他们在幼儿园中的适应情况，以下为重点步骤，其中标记"★"的为难点步骤。

入园适应期评量。 此项工作一般发生于新生入园时，是针对幼儿的一日生活适应情况进行的评估，既适用于特殊需要幼儿，也适用于普通幼儿，参考工具为《幼儿园一日生活常规评量表》。入园适应期评量的重要性在于幼儿是否能够遵循一日生活常规将会影响班级的稳定性。对于刚入园的特殊需要幼儿，教师可在其时段融合期间进行观察、记录，待幼儿完全融合之后再做整体观察和调整，这样可以减轻教师的压力。有一些普通幼儿入园后表现出较大的个体差异，也可使用《幼儿园一日生活常规评量表》对其进行评量。评量结果可以作为教师制订支持计划的依据，对于适应困难的幼儿也可延长使用时间。但由于在新生开学时期教师事务较多，或者对幼儿了解不足，通常会忽略此步骤。这时需要行政领导给予一些支持，如协调人力进行入班观察并给予及时督导。

案例： 新生入园第二周的周一中午，小马（一名幼儿）坐在床上开始了他一天内第五次的惊天动地之伟业——哭喊，此时幼儿园即将进入安静的午休，整个三层楼都享受到"魔音穿耳"的美妙——如大家所料，小马不愿意进入午休环节。新生入园第一周，小马所在班级的教师发现小马在语言、情绪等方面明显有着比其他幼儿更多的需求，但由于班级教师专业和时间不足，于是班主任向行政领导申请支持。梁园长（幼儿园园长）协调了资深教师敏敏进入该班级协助观察和记录。于是敏敏每天在不同的时间段进入班级，并及时将观察到的信息分享给班级教师，同时提出一些支持策略和建议。

★ **系统评量。** 评量工作的重要性在于它是设计和调整课程的数据基础，直接影响课程设计的针对性和差异化教学的质量。但对幼儿的系统/正式评量是所有幼儿园提出的较难操作的环节，其困难点主要体现在两个方面。

（1）专业性较强。每一种评量工具基本都涉及幼儿发展的各个领域，需要教师对目标有清晰的理解和把握，同时对教师收集信息的能力有一定的要求，需要通过观察、活动设计、家园协作等来收集相关的资料和信息。

在这种情况下，幼儿园可提供行政支持，如协调幼儿园专业能力较强的教师多承担一些评量工作，为教师提供外出培训学习的机会，整合外部巡回辅导资源等，也可请巡回辅导教师定期入园协助开展评量工作。

（2）占用人力精力。师资不足的幼儿园，教师可随身携带便签纸和笔，用自己熟悉的语言或符号随时记录幼儿的表现，或者针对现阶段幼儿亟须发展的领域或项目，选择其中的某1~2个领域进行评量。另外，幼儿园也可协调志愿者、家长等资源入班协助，以让教师有更充裕的时间进行评量。

一般情况下，2教1保的师资配备可较好地实践专业流程的各个步骤。

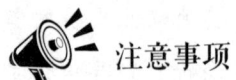 **注意事项**

☐ 评量工具的选择和熟悉：评量人员要熟练掌握评量工具，清楚各领域目标、功能和应用，可讨论分析评量工具中目标的表述，以便对目标的理解及评量操作达成共识。

☐ 尽量几个人同时观察一个特殊需要幼儿，以减少偏见和误解。

☐ 收集资料：除了已有资料，融合班教师团队在评量过程中要注意收集更全面的资料，如幼儿喜欢的学习方式、习惯、态度和能力，幼儿常用的接受信息的通道，目前所处的认知阶段，常用的表达方式及喜欢并适合的活动形式等。具体如：幼儿喜欢哪一种学习方式，是视觉型、听觉型、触觉型还是操作型？幼儿的观察能力、模仿力、适应能力、参与度、持续度、配合度、坚持度如何，对大多数学习和活动有兴趣吗，会模仿学习吗，能主动参与活动还是被动依赖，能理解大部分的学习内容吗，听从教师指令还是固执，注意力时间的长短等。幼儿是否遵守常规，安全意识如何，是否有攻击及自伤行为，是否过于偏食而影响营养健康等。

☐ 资料保密：教师对评量过程中收集的数据和资料要严格保密，不能随意放置或拿到与该幼儿发展无关的非正式场合分享和讨论。

 知识拓展 1

收集资料的方法

系统观察。教师以某个或某组幼儿、某种行为、某种情境、某项问题或者特定目标的达成情况为观察的焦点,并持续收集资料。

提问引发幼儿的回应。教师将访谈技术融入教学的对话中,借由提问或依循幼儿的回应方式,了解幼儿的概念发展或者思维方式,深入了解其想法,给幼儿提供适时的支持。

收集作品。收集绘画、手工、读写记录、表演、建构作品,展现幼儿发展和学习的记录。

从家长处获得资料。与家长访谈,查阅家长提供的资料,更好地了解幼儿的发展和学习情况。

从档案袋中获得资料。在日常的教育教学过程中,幼儿园教师会为每名幼儿制作儿童档案,档案里收集了能够帮助测量和报告幼儿各领域进步及全方位发展的图文记录,教师可以直接翻阅档案来收集相关的各类资料。

 知识拓展 2

表 2-1 更多评量工具

工具名称	作者	出版者	说明	适用对象
《学前儿童教育发展评量手册》	奇色花福利幼儿园蔡蕾	河南大学出版社	较受欢迎的学前融合教育课程本位评量工具,使用时请先阅读《学前融合教育理论和实务》	适用于所有儿童

续表

工具名称	作者	出版者	说明	适用对象
《婴幼儿早期疗育课程纲要》	台湾第一社会福利基金会	台湾第一社会福利基金会	内容涵盖婴幼儿发展独立功能或适应环境需求时所需要的技能与行为，共包括粗大动作、精细动作、认知、沟通、社会适应、生活自理、休闲娱乐八大领域	适用于各种障碍的儿童，评估者必须是有较长时间与孩子在熟悉环境中相处的人
《早期教育及训练课程》（出生至三岁）	香港基督教服务处	香港基督教服务处第一社会福利基金会	内容一般覆盖出生至三岁儿童的发展，课程共六册，包括使用者手册和五大发展领域的活动和目标，发展范围分为大肌肉、小肌肉/认知、语言/认知、社交、自理	适用于训练发育迟缓或心智年龄在三岁以下有特别需要的儿童
《婴幼儿评量、评鉴及课程计划系统》	Diane Bricker、Misti Waddell 编著，第一社会福利基金会译	心理出版社	这套系统分为四册，第一册、第二册包括出生至三岁发展范围，第三册、第四册包括三至六岁发展范围	使用时请先阅读《活动本位介入法》（卢明译）
《PEP-3 自闭症儿童心理教育评核》	香港协康会	商务印书馆（香港）有限公司	PEP-3 包含共 172 项儿童发展和行为部分测试项目，其中分为认知、语言表达、语言理解、小肌肉、大肌肉、模仿、情感表达、社交互动、行为特征-语言和行为特征-非语言10个部分	主要针对6个月至7岁半的自闭症儿童与同年龄段的普通儿童作比较

第二章　学前融合教育的实务流程

 知识拓展 3

评量过程中的观察方式

评量团队可以直接利用计划中的教学活动，或稍作调整，如集中教学、小组教学，了解幼儿在同一个活动中不同领域的能力表现。

在一日生活流程中观察。比如在早入园、早锻炼、晨间谈话、餐点、午休、盥洗、离园等环节，观察幼儿是否可以跟随班级常规生活。

在衔接时间，即活动和情境的转换之际观察幼儿。此时可以看出幼儿遵守秩序和情绪调控等适应能力，观察幼儿会不会格外焦虑和排斥，转换环境和活动是否顺利，是否能理解跟随衔接而不游离等。

在幼儿主动引导的活动中进行观察。幼儿主动引导的活动大部分发生在区域活动或自由活动时间，以了解幼儿自我引导和人际交往等方面的技能。

 知识拓展 4

评量的原则

幼儿的评量应以其年龄为考量，必须有益于幼儿的发展，符合幼儿的发展历程及语言发展规律。评量必须着重于幼儿的学习过程以及幼儿能知觉的学习与建构学习等方面，幼儿的评量可以遵循以下原则。

1. 自然情境原则

在对幼儿进行评量时，尽量回避用测验的方法。在测验时，幼儿可能会因为施测环境和施测人员的陌生而产生焦虑，或者感到疲劳、饥饿、不舒服；幼儿还可能不适应以标准化测验的方式回答问题，而是以符合他们自己语言或生活的方式做回答；另外，有些幼儿的发展障碍还未确认，也会产生干扰，如幼儿的视觉或听觉部分受损或丧失但成人未察觉，便会影响其正确回答问题，这样的测验分数就会错误地提示幼儿存在心智发展的障碍。

评量要坚持在自然情景中进行，幼儿在常态的、放松的情境中接受评量，有助于评量者快速准确地判断其发展现状，避免因高估或低估幼儿的下一个发展目标或应学习的技能，而影响学习目标的拟定。

评量教师应是幼儿熟悉的，与其有着良好关系的教师。幼儿班级教师作为评量小组的主要人员，观察记录幼儿在一日生活各环节的表现。

2. 充分准备原则

评量时，教师要有条理地安排环境、流程及所要进行的活动，安排充分的时间、足够的人力从容地进行评量。

3. 真实性原则

评量时，评量人员应充分考虑幼儿的生理及心理状况。要确保幼儿已经适应环境，且生理状况及情绪良好，如确定幼儿没有疲倦、肚子饿、口渴等情况，倘若评量进行过程中遇到困难，如幼儿发脾气等，或确认幼儿当时没能表现出真正的能力时，要另外安排时间再次进行评量，必要时邀请幼儿熟悉的人协助。

评量过程与结果同样重要，若幼儿在评量过程中的状态不佳，或与评量教师没有建立良好的关系，势必影响评量结果，不能保证其真实性及客观性，直接影响普通幼儿半年内最近发展区的确定及特殊需要幼儿IEP目标的确定，影响CDP及IIEP的制订实施和教学效果。

4. 多元呈现方式原则

评量时，教师必须认同接纳幼儿的差异，综合考虑幼儿学习环境及语言发展阶段等因素。许多特殊需要幼儿有口语表达的困难，教师在评量时需要调整结果的呈现方式，如在科学领域的某些目标题项，只要幼儿已经具备其中所涵盖的概念，教师就不要求幼儿一定能够"说出来"，只要幼儿能够指出来所要求的内容就算通过。

5. 全面性原则

在对幼儿进行评量时，教师必须注重对幼儿评量的整体性和全面性，注重使用多元的评量方法汇集多元的资料。教师利用日常观察到的幼儿自然表现，收集描述性资料；利用作品取样法等收集幼儿代表性的作品，作为评量时的参考；参考家庭的意见和幼儿对自己作品的评价、相关治疗师对特殊需要幼儿某领域的评量，以便收集完整、全面的信息，对幼儿进行全面的评量。

6. 尊重自我评价原则

在评量过程中，教师要重视及参考家庭的意见以及幼儿对自己作品的评价。

7. 持续性、保密性及应用性原则

在评量过程中教师应避免就某一发展目标给出简单结论，要通过多次持续的观察慎重给出评量结果；评量结果是教学中专业判断和决策的依据，必须被应用于检视计划和教学的有效性，借以考虑是否调整策略和课程，以满足幼儿的个体需求。

★ 撰写评量报告（《评量结果综合分析报告》）。评量报告是对各项评量结果的整合性综述，在撰写评量报告的过程中，教师可以逐渐加深对幼儿的了解程度、加深对《3—6岁儿童学习与发展指南》的认识和理解，提升自己的专业能力和水平。教师需要从各项资料中提炼幼儿的综合表现并对优弱势进行分析，因此它既是一项重要的工作，同时也是一项较难操作的工作。以下两个方法可供参考。

首先，选择评量项目中幼儿最大的优势领域以及1~2个弱势领域进行描述分析。优势领域或许会涉及幼儿感兴趣的活动或事项，可以考虑作为幼儿的增强物，或许可以带动弱势领域的发展。

其次，在《学前儿童教育发展评量手册》的基础上，奇色花开发了学前融合教育APP，使用者在软件上输入《学前儿童教育发展评量手册》中的评量项目分值，将可获得幼儿的发展分类图表及综合曲线图表，同时可以获得最近发展区的IEP目标初稿。APP还在进一步的研发中，很快将实现自动生成《评量结果综合分析报告》的功能，教师只需认真阅读或稍作修改。

组织IEP会议。 IEP会议是促进家园协作的一项重要工作，班级教师、家长（包括监护人、主要照顾者）需要参加会议，必要时幼儿园可邀请相关的治疗师参加。由资深教师／教学负责人／园长主持，并由专人记录会议内容，会议内容主要包括：教师和家长互相分享幼儿近期在幼儿园和家里的变化、教师向家长陈述评量结果、教师和家长讨论幼儿的IEP方案。IEP会议中可以对参与人员的座位安排和流程做一些设计，主要分享幼儿发展情况的教师要与家长呈45°角落座；对于特别外向健谈或者特别沉默内敛的家长，会议中可由教师先分享，并请家长作补充。

★ **制订IEP。** 制订IEP也被多数幼儿园认为是较为困难的步骤，其困难点与评量工作有一定的相似性，但在书写目标时教师也会遇到一些困难。以下方法可供参考。

处于尝试制订IEP初期阶段的幼儿园或者师资紧张的幼儿园，教师可从1~2个目标开始探索实践，熟练之后逐渐增加目标。

书写长短期目标的技巧。表述长期目标的动词大多为"了解""认识""减少""加强""发展""熟练""增进""提升"等。例如在科学领域中"认识几何形体""了解分类概念"等长期目标，在健康领域中"培养日常健康行为""加强体能锻炼，提高平衡能力"等，在语言领域中"提高文学欣赏的能力""发展早期阅读及读写萌发的能力"等，在社会领域中"培养良好的人际交往能力""养成良好的行为规范"等，在艺术领域中"培养乐器演奏的能力""发展创造性表达的能力"等，在生活常规方面"减少用攻击性方法得到想要的东西""提升生活自理能力"等。短期目标是指为了完成长期目标必须实际执行的教学目标，具有客观、具体、量化的特质，通常着眼于幼儿能在数周或数月内学习的技能或行为，这些技能和行为是可测量的、可计时或可计数的。

如果幼儿园选择《学前儿童教育发展评量手册》作为评量工具，可借助学前融合教育APP，在软件自动生成的IEP初稿中选择合适的目标。

注意事项

☐ 确定长短期目标时需要注意：

(1) 根据幼儿现阶段的发展年龄选择合适的目标。选择原则及步骤在《学前儿童教育发展评量手册》中有详细介绍。

(2) 选择各领域的长短期目标时，应该顾及幼儿的全面均衡发展，避免某一领域被忽略，某一领域加强过多。

(3) 长短期目标必须适量且有优先顺序。首先要选择急迫要改善的、影响幼儿融入普通群体生活的行为及习惯，如情绪、跟随班集体、不干扰同伴等;其次是幼儿已经具备且很有可能在半年之内掌握的技能或概念（评估分值为2或3的项目）。

(4)要考虑所选目标适合家庭或幼儿园生活学习及课程规划,也应考虑准备转衔下一个生活学习阶段最重要的学习技能或概念,如即将进入小学的幼儿应加强坐下听讲、使用并整理文具、阅读书写的独立性能力。

(5)选择目标时,除考虑发展性目标外,还必须考虑功能性目标,该目标在日常生活中应用频率高,更有实用性,可立即应用于日常生活活动,减少生活不便,提高幼儿的独立性。

(7)设定目标时要考虑家长的需求及治疗师的建议。

(8)设定目标时,结合所在班级幼儿发展计划中普通同伴的学习目标以及与幼儿园一日作息相关的目标。

□ 制订计划过程中的家园合作:

(1)家长必须参与IEP制订的整个过程,对方案认可并签字,特殊需要幼儿也有权利选择是否参加IEP会议,表达自身发展需求和兴趣爱好。

(2)班级教师要充分尊重家长的期待,当家长对孩子的期待过高或过低时,教师需要与家长进行深入的沟通。

知识拓展

个别化教育计划（IEP）

个别化教育计划（IEP）是为了达到因材施教、满足特殊需要幼儿的发展需求所制订的教育方案,是能够实施个别化教育的总设计,是教师设计教学计划、安排教学环境、实施教学活动的重要依据,一份内容详尽、完整的 IEP 方案是帮助幼儿真正融入普通幼儿园的基本条件,是学校、教师对幼儿实施教育的承诺,是使幼儿获得适宜教育的保证。理想状态下,个别化教育计划是由学校行政人员、普教教师、特教教师、相关治疗师、社工和儿童的父母,针对特殊需要儿童的学习特点、能力和需求,共同拟定的适合幼儿未来一年或半年的学习重点和评估学习成效的机制。在无法满足上述条件的情况下,可由班主任组织班级教师、评量小组成员及幼儿家长共同制订 IEP。

系统的 IEP 包括各项资料,体现为以下九项要素:

- 幼儿相关基本资料,如医疗史、教育史、家庭现状、喜好等。
- 适当的评量程序和方法。
- 幼儿当前发展水平和已有的行为表现。
- 幼儿学习的优弱势分析。
- 幼儿发展所需的长期目标和短期目标。
- 目标的通过标准(在《学前儿童教育发展评量手册》中没有此项)。
- 执行计划的融合班组及预定的起止日期。
- 在融合班参与程度和安置学习的方式。
- 家长及提供服务人员(教师、专职支持教师、治疗师和行政人员)签名。

★ **制订 IIEP。** 如果仅根据 IEP 中的目标来制订 IIEP 通常会让人觉得特殊需要幼儿的发展与班级其他幼儿的发展相互割裂,容易导致教师在思考和撰写策略时陷入困局,或者认为特殊需要幼儿的支持总需要额外的工作。因此,制订 IIEP 时需要考虑以下几点。

制订 IIEP 时，教师团队必须参考或考虑普通幼儿的发展目标，同时对已有的课程/活动计划进行讨论，分析哪些活动可以融入特殊需要幼儿的目标，或者经过稍许调整便可以融入特殊需要幼儿目标；哪些目标需要教师在一日活动流程中加入练习。

教师团队需要熟悉 IIEP 方案中的教学策略并达成共识，明确需要支持的环节以及分工，以便即使教师换班时也能在每天活动中给予及时的支持。

初期尝试制订 IIEP 的教师团队，可以选择 1~2 个目标撰写方案，循序渐进地理解与操作。

 注意事项

□ 制订 IIEP 时要考虑领域目标的发展顺序。

(1) 参照普通幼儿的活动安排。

(2) 考虑目标需要协助的程度。

(3) 挑选近阶段发展目标。

(4) 一般不超过 8 个目标。

□ 行政支持：在每个月月末，幼儿园行政需要协调保证教师团队有制订下个月计划的时间，4 名特殊需要幼儿的 IIEP 的制订通常需要 4 小时左右。

 **知识拓展**

个别化融合教育计划（IIEP）

个别化融合教育计划，即 Individual Integrative Educational Plan，是班级教师将特殊需要幼儿 IEP 中的目标进行分解，共同讨论制订的每个月的学习发展计划。教师在制订计划时运用活动本位介入的方法，通过融入式学习、嵌入式学习和添加式学习的策略，将特殊需要幼儿的发展和学习目标融入日常作息、幼儿主导的活动及教师计划性的活动中，系统地实施特殊需要幼儿的 IEP，使幼儿能够在多元的活动中学习发展。

IIEP 可以帮助教师团队根据具体的分析，因人因情而异，确定每个幼儿目标学习的合适方式，使幼儿成为主动学习者，培养幼儿的自理和自制能力、主动思考能力及自我评价能力。另外，IIEP 是对 IEP 目标的进一步分解（其关系见图 2-6），将半年计划细化为每个月的具体计划，它让 IEP 具有较强的操作性，便于教师执行实际的教学活动。

在学前融合教育中，每个幼儿在幼儿园中的发展路径都是一样的，只是会根据幼儿的一些具体特殊需求制订 IEP 和 IIEP，但 IIEP 中的目标和策略不能仅聚焦于 IEP，否则容易造成对特殊需要幼儿的支持与班级整体教学活动相脱节。制订 IIEP 时，一定要同时参考本学期/本月普通幼儿的发展目标和课程安排、班级区域材料投放调整计划，分析哪些活动可以结合，哪些已有材料可用于支持特殊需要幼儿的发展，将 IIEP 融入班级整体的工作计划中。同时区域材料也需要根据特殊需要幼儿的目标来做一些调整或补充。

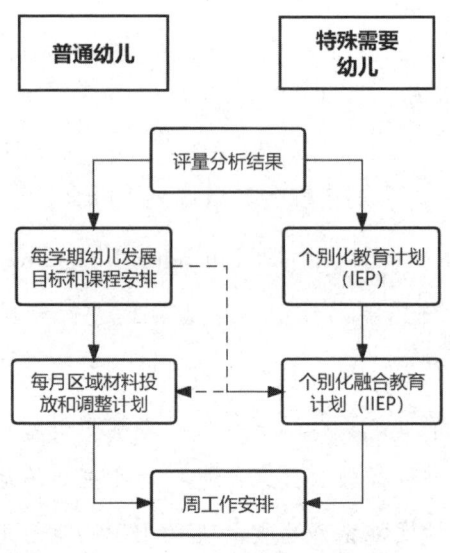

图 2-6 IEP 与 IIEP 的形成与发展关系

设计教学。 教学活动是教师将自己的教育理念和幼儿的发展计划真正落到实处的最核心环节,每个幼儿园都有自己的课程和教学模式,但如何在课程和教学活动中真正做到关注个体差异,并为每个幼儿提供适宜的教育和针对性的支持呢?幼儿园可以根据通用设计的原则,通过调整环境、降低课程/活动目标、调整材料等方式来设计自己的教学活动,以吸引每个幼儿都能参与到活动中。

 注意事项

☐ 团队协作

(1)班级教师团队成员都要熟悉每位特殊需要幼儿的个别化融合教育计划(IIEP)。

(2)教师团队在执行前要做好统筹工作,合理安排人力,分配

任务,团队成员明确各自的职责。

☐ **家园协作**

(1)在执行IIEP前,班主任要向家长解释说明IIEP内容和监测安排,积极促进家长参与IIEP的执行。

(2)在执行过程中,班级教师要及时/定期向家长反馈幼儿情况,并了解家长执行IIEP的情况与困难,及时给予支持。

☐ **行政支持**

计划的实施其实就是幼儿园的一日教育教学活动,教师可能会遇到各种各样的问题,尤其是面对特殊需要儿童的行为问题,教师经常会承受较大的压力。因此教学过程中必要的行政支持将会促进计划的有效实施和教师的专业成长。

(1)组织教学。教学负责人需要定期组织教研活动,也可在幼儿园原有的教研活动中加入对特殊需要幼儿行为问题或支持策略的分析,并分享讨论好的教学活动和支持方法。

(2)及时督导。教学负责人要及时督导教师的教学工作,如每月计划的执行与记录情况、特殊需要幼儿的发展情况等,以便及时了解问题并给予支持。

(3)整合专业培训资源。针对融合教育实践中的问题与困难,幼儿园园长要适当地组织培训,或整合相关专业培训资源,为教师提供机会,不断提升教师的教学水平与解决问题的能力。

(4)心理疏导。在融合教育实践过程中,教师确实会承受更多的压力,园长可以通过员工晤谈、定期组织团建活动等方式疏导教师的心理压力,增强教师的信心和团队凝聚力。

观察与记录。 观察与记录是收集幼儿发展资料的重要方法，可以为家长工作、幼儿评估、计划的制订与调整等提供最真实的材料和依据，同时它也是幼儿档案的重要内容。在教育教学活动中，教师通过观察收集幼儿各方面的资料，以便确保幼儿的安全，给幼儿提供适时的帮助，发现他们的兴趣，检视自己的教学，了解他们的进步和困难，更有效地为幼儿的发展提供支持以拓展他们的学习。教师对普通幼儿进行观察时，依据观察目的来分别进行记录，常用的记录方式有班级儿童日志、发展检核、等级评量、轶事记录法、作品取样法、时间取样法、频率计算法等。这些方法也都适用于特殊需要幼儿。

另外，教师可以通过照片、视频、文字以及幼儿作品等丰富的形式来观察和记录幼儿的成长变化。当班级人力紧张时，教师也可随身携带便签本，或者借助手机的录音、语音等功能进行简便并及时的记录。[1]

 **注意事项**

- ☐ 教师应将观察的情况及时向家长反馈。
- ☐ 使资料收集系统成为方便使用的程序。
- ☐ 避免收集资料表格中出现太多的信息。
- ☐ 避免用太多的资料记录纸张。
- ☐ 维持最少量的书写工作。
- ☐ 熟悉并掌握统一的记录用语和记号。

---

[1] 有关系统的观察记录方法，可阅读以下两本书。芭芭拉·安·尼尔森：《一周又一周——儿童发展记录》，叶平枝等译，人民教育出版社，2011。沃伦·R.本特森：《观察儿童——儿童行为观察记录指南》，于开莲、王银铃译，人民教育出版社，2009。

第三章　学前融合教育中的实务流程工具

本章节开始之前，我们不妨先一起回顾一下日常服务工作的情况：在我们日常的教学工作过程中，我们是不是需要观察幼儿的言行和表现情况？我们对幼儿的了解是基于自己的观察，还是借助适宜的管理工具进行记录分析？我们和家长沟通孩子的情况时，是依据自己的回忆进行交流，还是给他们一些合适的信息资料，然后依据记录进行有效的沟通？答案是后者——我们需要使用一些有效的工具和信息资料。

1. 学前融合教育实务流程工具的作用

学前融合教育的实务流程工具基本以专门设计的表格为主要形式，表格是一种可通用的、可视化的观察记录和交流工具，实践证明它也是收集信息、汇总数据、分析情况的一种有效方式，可以帮助我们有效记录数据和服务幼儿的过程等，并有助于简化工作过程、改善工作质量、提高工作效率。其实，教育主管部门都非常重视档案工作，有"一人一案"的要求，因为通过档案可以全面、快速了解每个学生和学校整体的教育工作情况。

回顾前面的内容，在实务流程各环节中，及时、全面地收集各种信息资料是重要的过程活动，用适当的工具来记录幼儿的评量结果、计划内容和学习成长情况，以便呈现较为客观、翔实的信息，是教师实施课程调整和个别化教育的依据，也是学前融合教育的重点之一。本章节旨在对这些实务流程工具进行详细的解释说明，方便读者理解、操作和使用。

2. 学前融合教育实务流程工具一览表

其实，我们每个幼儿园在多年的教育活动过程中都会形成自己的流程和工具，我们现在需要做的就是把特殊需要幼儿的服务、流程和工具有机地融入我们的日常教学活动中。奇色花的学前融合教育实务流程工具是在国内外专家帮助下，结合自己的实际，经过 20 多年的实践和总结形成的。每所幼儿园都有自己的独特性，可依据实际情况有计划有步骤地使用，基础服务管理工具如表 3-1 所示。在《学前融合教育理论与实务》一书中有完整的表格工具，本章从诸多工具中甄选出一些关键的工具供读者参考使用。

表 3-1　学前融合教育实务流程工具一览表

服务工具	适用步骤	使用目的	填写人	备注
《入园幼儿咨询汇总表》（表 3-2）	家长入园咨询	登记所有咨询的幼儿姓名、年龄、障碍类型、家庭住址及联系方式，以便后期联系	咨询与接案教师	见《学前融合教育理论与实务》（以下简称《理论与实务》）一书中的表 4-1，幼儿园也可使用本园已有的报名登记表或相关表格工具
《幼儿咨询登记表》（表 3-3）	入园参观	了解幼儿基本情况和家庭情况	家长	见《理论与实务》表 4-2

续表

服务工具	适用步骤	使用目的	填写人	备注
《幼儿基本资料表》（表 3-4）★	收集资料	快速了解、掌握幼儿的信息	家长	见《理论与实务》表 4-3
《兴趣物调查表》（表 3-5）★		了解孩子的喜好，帮助教师选择适当的增强物	家长	见《理论与实务》表 4-5
《家庭关心事项调查表》（表 3-6）		了解家长的需求与期待	家长	见《理论与实务》表 4-6
《幼儿基本能力调查表》（表 3-7）★		帮助家长深度了解孩子，有助于试读安置	家长	见《理论与实务》表 4-4
《幼儿安置建议表》（表 3-8）	召开教研会议，讨论安置班级	记录幼儿安置决议，留存档案	会议记录人员	见《理论与实务》表 4-11
《家庭作息本位晤谈记录表》（表 3-9）	家访	了解幼儿家庭生活情况以及家长期待	班级教师	见《理论与实务》表 4-12
《幼儿班级适应行为评量表》/《幼儿园一日生活常规评量表》[1]★	入园适应期评量	给予幼儿针对性支持，帮助幼儿度过入园焦虑期	班级教师	见《学前儿童教育发展评量手册》
《幼儿班级适应行为支持计划》（表 3-10）★	制订并实施适应期计划		班级教师	见《理论与实务》表 5-5

---

[1]《幼儿班级适应行为评量表》/《幼儿园一日生活常规评量表》从幼儿进入班级时段融合时便可开始使用，在使用此表对幼儿进行观察评量时，班主任需要安排团队成员分工协作。如主班教师负责带班时，配班教师更多地观察和记录幼儿在一日生活流程中的表现，在填写分值时，班级团队成员可以从自己的角度分享观察到的信息并达成共识，对有分歧或不确定的项目进行再次观察。若班级教师有困难或需求（如专业能力不足、师资缺乏等），幼儿园行政领导可以协调其他教师协助参与观察评量。

根据评分结果，班主任带领班级团队对其进行分析，确定幼儿亟须提升的项目。

续表

服务工具	适用步骤	使用目的	填写人	备注
《学前儿童教育发展评量手册》 《婴幼儿早期疗育课程纲要》……★	系统评量	帮助家长确立对孩子比较实际的期望值	教师 家长	幼儿园可根据本园实际情况选用合适的评量工具
《幼儿学习特点调查表》（表3-11）		为评量收集信息，了解幼儿喜欢的学习方式	教师	见《理论与实务》表5-1
学前融合教育APP		电脑生成曲线图，筛选最近发展区目标，生成IEP初稿	班级教师	对应《学前儿童教育发展评量手册》
《评量结果综合分析报告》（表3-12）★	撰写报告	为幼儿下一步发展提供方向，向家长呈现幼儿整体发展水平	班级教师	见《理论与实务》表5-2，当人力紧张时，可降低撰写难度，简化内容
《IEP/IFSP计划指南》（表3-13）★	结果反馈	增强家园协作，更好地支持家庭，收集幼儿的相关变化，了解家长的期待和近期发展目标	家长 教师	见《理论与实务》表5-4
	组织IEP预备会	补充填写	班级教师	
《IEP会议通知单》（表3-14）	通知家长	正式通知家长，促使家长重视孩子的IEP会议	班级教师	见《理论与实务》表5-8
《IEP会议记录表》（表3-15）★	组织IEP会议	记录IEP会议中的共识，为IEP提供资料	班级教师	见《理论与实务》表5-9
《个别化教育计划（IEP）》（表3-16）★	确认IEP	明确幼儿各领域发展长短期目标、分步目标及起止时间	班级教师	见《理论与实务》表5-10
《个别化融合教育计划（IIEP）》（表3-17）★	制订IIEP	将IEP目标具体化，便于落实到一日活动中	班级教师	见《理论与实务》表5-12

续表

服务工具	适用步骤	使用目的	填写人	备注
班级儿童日志、轶事记录、幼儿作品	观察记录	为幼儿的进步留存资料，便于学期末评鉴	班级教师	
《幼儿班级适应行为评量表》《学前儿童教育发展评量手册》	目标检核		班级教师	

3.学前融合教育实务流程工具及使用说明

表3-2 入园幼儿咨询汇总表

序号	幼儿姓名	出生年月	性别	障碍类型	户籍所在地	家庭住址	家长姓名	联系电话	咨询时间	办理建议

注：（1）在特殊需要幼儿家长咨询时由咨询与接案教师填写登记该表格，以方便对报名情况有一个整体的概览，对后续幼儿园检核咨询的处理方法、幼儿的去向有重要意义。

（2）在每年的招生工作中，幼儿园可根据此表格信息做相关的数据统计，无论是幼儿园的内部使用，还是向上级主管部门汇报工作，都是重要的依据。另外，若幼儿园计划开展跟踪服务或者家长活动，该表格是一份重要的资料。

（3）表格最后一栏的"办理建议"是指家长咨询后，咨询与接案教师能采取的处理方法，如"一周后到园面谈""推荐附近的幼儿园"等。

表3-3 幼儿咨询登记表

幼儿咨询登记表					
幼儿姓名		性别		出生年月	
障碍类型	若幼儿无诊断证明，此处可写疑似**（如疑似自闭症）	电子邮箱	父		
			母		
住址					
监护人姓名	与幼儿的关系		工作单位		联系电话
家中同住人	除监护人以外的成员	最早发现问题的年龄	最早发现孩子有特殊需求的年龄，咨询与接案教师可进一步询问是如何发现的		
确诊医疗机构	若无诊断，写"无"	诊断结果	若无诊断，写"无"		

续表

\	\	幼儿咨询登记表
居家生活	小便	□完全独立　□需提醒上厕所 □定时带去如厕，会控制尿意 □会尿湿裤子　□其他：
	大便	□完全独立　□需提醒上厕所　□需协助擦拭 □其他：
	进食	□自己吃　□需喂食，原因：
	睡眠	□能独立入睡　□有规律　□有午睡习惯 （时间：　　　）□依恋物：
	穿脱	裤（　）上衣（　）鞋（　）袜（　） 拉链（　）纽扣（　）粘扣（　） A. 独立完成 B. 需语言提示 C. 需动作辅助 D. 无法完成
	洗漱	洗手（　）洗脸（　）刷牙（　） A. 独立完成 B. 需语言提示 C. 需动作辅助 D. 无法完成
沟通	理解	□对自己名字有反应 □理解生活中常用的简单指令 □理解较复杂的指令 常用的简单指令：生活中经常发生的、简短的2项及以内指令，如拿水杯喝水、搬椅子坐下、坐下吃饭…… 较复杂的指令：包括3个物品、3项指令及以上，如拿水杯坐在椅子上喝水；搬椅子坐在桌子旁边，拿勺子吃饭……
	表达	□会用动作或表情来表达自己的需求和想法 □会说单字或短句 □清晰　　　　□不清晰 □鹦鹉式的语言表达 □会主动与人沟通（口语、非口语的询问、发表意见、请求协助、拒绝等） □会问问题　　□会回答问题

续表

幼儿咨询登记表		
遵规安全及情绪行为	遵规安全	□愿意遵从成人的指令和要求 □活动时不离开成人的视线范围 □能判断危险的事物并加以避免（如：　　） □能安全地使用日常用品
	情绪行为	□维持稳定的情绪，不随意发脾气 □会用适当的方式表达自己的情绪 □易发脾气　　　□爱哭闹 □自我刺激行为（如：　　） □破坏物品　　　□自伤行为（如：　　） □攻击行为（如：　　）　　□其他： 自我刺激行为：重复频率较高且没有目的性的行为，如不停地用手捣嘴巴、拍头、摇头、拍手、转圈圈、用手捏一些东西、闻气味等。
儿童曾受过何种教育或康复		教育是指如早教、幼儿园等形式的教育。 康复一般包括医院、康复机构等场所提供的康复训练等，如语言、运动、感统等。
现正接受何种康复或教育		
家长的期待和希望		
接案教师意见		由负责接案的教师填写，主要是在经过初步了解之后，接案教师对幼儿服务的建议，如建议进一步观察幼儿/建议接收等。
接案教师签名		接案时间

注：（1）家长入园咨询时，咨询与接案教师请家长填写。若家长不理解或填写有困难，咨询与接案教师可做解释说明或者通过询问帮家长填写。

（2）该表格需要咨询与接案教师签名，以便后期班级教师有疑问时能够快速联系到咨询与接案教师进行询问。

（3）此项表格资料可在档案转到班级之后，供班级教师参考了解孩子的基本情况。

表 3-4　幼儿基本资料表★

幼儿基本资料表									
1. 基本信息										
姓名		性别		填写人		填写日期			
出生年月		障碍类型	若幼儿无诊断证明，此处可写疑似**（如疑似自闭症）	残疾证号					
家庭信息									
家庭成员一栏指核心家庭成员，即两代人组成的家庭，填写父、母、兄弟姐妹。目的是了解幼儿的家庭构成，便于分析幼儿的家庭生活环境以及对其有重要影响的因素。									
家庭成员	姓名	年龄	职业	文化程度	兴趣爱好	身体状况	有无烟酒嗜好	手机	电子邮箱/QQ
其他	共同居住的祖辈		如祖父母、外祖父母等，该信息可以帮助教师进一步了解幼儿的家庭关系、隔代教育等内容。						
	健康状况		这里是指祖辈的身体健康状况。如身体健康，能照顾孩子；身体虚弱，需要人照顾等。该信息可进一步了解祖辈在家庭中的地位及其对家庭生活的影响。						
	主要亲属中有无重大精神疾患和其他特殊需要		主要亲属是指三代以内直系/旁系血亲。						
家庭住址及邮编									
2. 生长发育史										
主要包括幼儿发展过程中的一些重要成长记录，如孕期及生产过程、里程碑的动作、语言、社交、行为等发展时间及情况。目的是了解幼儿的发展规律，以及一些重要节点对幼儿发展的影响。 填写人员可对这些内容分条简要阐述，只要表达清楚要点即可。									

续表

幼儿基本资料表	
3. 医疗史	
重大疾病就诊、障碍类型的诊断、对儿童有影响的疾病史或用药等方面的时间、地点、主要情况,如障碍原因、用药情况、过敏情况。	

4. 康复史		
起止日期	医院/机构	康复项目
		可简写,如认知、语言等

5. 教育史		
起止日期	早教机构/幼儿园	适应概况
		简单描述幼儿在机构适应或不适应等

6. 日常生活状况

项目	具体描述
饮食	您的孩子吃早、中、晚餐的时间一般是几点?在哪里和谁一起吃?一般吃什么食物?孩子三餐是否很有胃口?好或不好的原因是什么?
睡眠	您的孩子日常作息规律是怎样的?活动时间是什么? 日常午休/夜间睡眠规律是什么?午休/夜间睡眠质量是否很好?好或不好的原因是什么?
衣着	您的孩子在穿脱外衣和内衣方面可以做到哪些?您是怎样支持孩子做这些的?孩子穿脱衣服时是很容易还是很困难?容易或困难的原因是什么?
盥洗	您的孩子都能完成哪些洗漱活动?孩子洗漱时需要什么样的帮助?洗漱时是很容易还是很困难?容易或困难的原因是什么?
如厕	您的孩子如厕有什么样的时间规律(如大便多久1次,一般在什么时间点等)?您是怎样支持孩子如厕的(用什么样的方法)?如厕通常没问题还是很困难?原因是什么?

续表

幼儿基本资料表	
项目	具体描述
玩耍和互动	您的孩子最喜欢玩的玩具是什么?最喜欢玩耍的活动是什么?其他小朋友和您的孩子玩耍、互动的状态如何?您的孩子如何回应?孩子和其他小朋友玩耍或互动很困难吗?为什么?
沟通交流	您的孩子通常用什么样的方式(语言/动作/……)和人交流?喜欢和成人还是孩子交流?孩子与人交流是很顺利还是有困难?很顺利或有困难的原因是什么?

注:(1)该表格是在《幼儿咨询登记表》的基础上进一步收集幼儿的家庭环境、成长经历、医疗情况及生活习惯等资料,以分析幼儿的成长过程对其自身的影响。

(2)幼儿安置班级之后,班级教师团队需要根据此信息了解、分析、讨论幼儿的现有生活习惯及其对幼儿园生活的影响,并在团队中达成共识,以更好地安排幼儿的一日生活流程,或者将此信息作为进一步观察幼儿的基本资料。

表 3-5 兴趣物调查表 ★

兴趣物调查表				
儿童姓名:	班组:	填写日期:	填写人:	
最喜欢的食物 (请在每一栏内填写具体的内容)			最喜欢的饮品 (请在每一栏内填写具体的内容)	
主副食	米饭/馒头/鸡蛋/……	饮料	果粒橙/冰糖雪梨/可乐……	
水果		奶类	纯牛奶/酸奶……	
零食		果汁	橙汁/西瓜汁……	
其他		其他		
最不喜欢的食物			最不喜欢的饮品	
最喜欢做的事 (请在合适的活动后打"√")			最喜欢的活动 (请在合适的活动后打"√")	
玩耍		听音乐	玩水	滑梯

续表

兴趣物调查表			
最喜欢做的事 （请在合适的活动后打"√"）		最喜欢的活动 （请在合适的活动后打"√"）	
美术	看电视	转椅	秋千
做家务	玩电子产品	球类	跳绳
其他		其他	
最不喜欢做的事		最不喜欢的活动	
积木	洋娃娃	食物	绘本
汽车	球	口头赞扬	拥抱
其他		其他	
最不喜欢的物品/玩具		最害怕的事	
其他情况说明			

注：（1）该表格主要收集幼儿感兴趣的事物，不仅可以加深教师对幼儿的了解，促进师生信任关系的建立，也可作为教师在必要时选择幼儿增强物时的参考。但很多时候填写者不是幼儿的主要照顾者，填写的信息会与真实情况不符，因此教师需要再做相应的观察，并对表格信息做一些调整或标记。

（2）班级教师团队每个成员都需要熟悉此表格中的信息，以便在日常活动中及时给予支持，或者预防一些幼儿不喜欢的物品/活动引发其情绪。

（3）班主任可以安排团队成员汇总统计班级幼儿的兴趣物，从中发现一些共性和个性，统一准备相关的增强物。

（4）该表格可以每学期请家长填写一次，从中观察并分析幼儿的兴趣范围是否发生变化，并与家长共同探讨变化发生的原因，促进家园共育。

表3-6 家庭关心事项调查表

家庭关心事项调查表					
儿童姓名： 班组： 填写日期： 填写人：					
序号	事项	关心程度		
		优先关心	关心但非优先	目前不关心
针对孩子的关心事项，我关心……				
1	更多地了解孩子目前的优势与需求			
2	了解提供给孩子的相关服务及课程			
3	更多地了解孩子的情况和障碍			
4	为孩子将来的相关服务与课程做计划			
5	了解孩子如何成长和学习（如社交、动作、自我照顾方面）			
6	学习照顾和帮助孩子的方法（如摆位、饮食、健康）			
7	学习相关法律政策、家长的权利及如何为孩子争取权益			
8	处理孩子的问题行为			
9	学习如何与孩子交谈和游戏			
10	与教师和专业人员谈论孩子的课程			
针对家庭的关心事项，我关心……				
11	向兄弟姊妹、亲朋好友解释孩子的特殊需求			
12	孩子获得兄弟姊妹的支持			
13	家人和朋友参与孩子的照顾或自由活动			
14	为家庭咨询			
15	学习自己解决家庭问题			
16	从朋友、邻居处得到更多的支持			
17	得到配偶更多的支持			
18	拥有自己的时间			
19	与家人一起休闲娱乐			

续表

家庭关心事项调查表				
针对社区的关心事项，我关心……				
20	和其他家庭互动			
21	加入家长团体或有特殊需要幼儿的团体			
22	了解政府的补助和幼儿获得补助的资格			
23	带幼儿参与社区活动			
24	为其他家庭提供帮助			
其他关心的事项或需求：				
担心和期望： 对幼儿进入幼儿园以后的生活有哪些担心和期待。				

注：（1）该表格中的信息主要是帮助教师了解家长在幼儿、家庭和社区方面关心事项的优先顺序，从而对家长的期待有更深入、具体的了解，并可根据此信息在家访时进一步向家长询问背后的原因。

（2）班级团队可以根据此信息分析家庭关心的事项是否符合幼儿的发展规律，针对家长的需求做沟通、培训及疏导。

（3）该表格可以每年请家长填写一次，从中观察并分析家长的关心事项是否发生变化，并与家长共同探讨变化发生的原因，促进家园共育。

表3-7 幼儿基本能力调查表★

幼儿基本能力调查表						
亲爱的家长朋友： 　您好！欢迎您的孩子来我园入托。为了帮助教师初步了解孩子现有能力，理清孩子需要的支持和协助，请您对孩子实际年龄内所有的目标进行客观评价，根据孩子的实际表现在相应的空格里打"√"。谢谢您的配合！						
基本情况						
姓名		性别		出生年月		障碍类型
身高		体重		填写人与幼儿的关系		填写日期

续表

幼儿基本能力调查表							
第一部分　运动技能							
项目	年龄	内容	独立完成	协助完成		无法完成
				口语	动作	
粗大运动	2～3岁	会在不平的地面上行走而不摔倒				
		会单手扶楼梯上下楼				
		能平稳地朝前奔跑				
		会原地双脚跳				
		借助扶持单脚站				
		会沿着地上的直线走				
		会朝前踢球				
	3～4岁	不需要扶持，会一脚一阶上楼梯				
		跑步时会控制转弯或折返				
		会双脚向前连续跳（不低于2次）				
		从高处往下跳（25～30厘米），双脚着地				
		会沿着曲线或圆圈行走				
		单脚站立，保持平衡3秒				
		双脚会同时向左/右两侧跳				
		会推、拉、操纵带轮的玩具				
		骑（推拉或踏）三轮车				
	4～5岁	会单脚向前连续跳（不低于2下）				
		会跳房子（单双脚交替跳）				
		会单脚站立5秒				
		会在10厘米宽平衡木上行走				
		会伸手接住由不同方向丢过来的球				
		会对准各方向的目标踢球				

续表

项目	年龄	幼儿基本能力调查表 内容	独立完成	协助完成		无法完成
				口语	动作	
精细运动	5～6岁	会顺畅地跑步连续绕过障碍物				
		会用脚跟接脚尖的方式走直线向前/后退				
		四肢动作协调（骑车、游泳）				
		能双手/单手拍球				
	2～3岁	把分开的物品合到一起（笔和笔盖等）				
		会模仿3种单一的手部动作（如数字、跷起大拇指、手枪等）				
		会转开/转紧至少两种尺寸的瓶盖				
		一页一页地翻书				
		大部分活动中持续单手				
	3～4岁	能一手拿袋子，一手将物品装入袋内				
		大拇指连续和其他手指互碰				
		完成简单的点连线				
		会用前三指拿取扑克牌并翻开				
		会叠高10个大小相同的方形积木				
		会转开门把手				
		会用小镊子取东西				
	4～5岁	会用钥匙开门				
		会用前三指正确握笔画画或写字				
	5～6岁	会沿着线撕纸				
		会灵活调整握笔姿势				

续表

幼儿基本能力调查表					
第2部分　自我服务能力					
年龄	内容	独立完成	协助完成		无法做到
			口语	动作	
2~3岁	使用勺子进食，很少溅出食物				
	能用吸管喝饮料				
	能以语言或肢体动作表示如厕意愿				
	在大人协助下擤出鼻涕				
	脱掉无扣的T恤和衬衫，不需要成人帮助				
	洗手并将手晾干				
	接受一般性食物				
3~4岁	会用汤匙舀食物进食及喝汤，很少洒落				
	会剥除食物的外皮（香蕉、橘子、花生）				
	会自己洗手、洗脸				
	需要时自行拿卫生纸擤鼻涕				
	平稳地持水壶倒水				
	会自己如厕，能自行脱下裤子				
	将衣裤或书包、袋子上的拉链拉合				
	会自己扣/解大的纽扣				
	会穿鞋子				
	愿意尝试多种食物				
	午休时不需要成人陪伴				
	会主动将垃圾丢入垃圾桶				
	会开关窗户				

续表

幼儿基本能力调查表					
年龄	内容	独立完成	协助完成		无法做到
			口语	动作	
4～5岁	会用筷子进食				
	会自己进食，并且保持干净				
	餐后会协助清理桌面				
	会穿脱鞋袜				
	自己穿衣服，不需要协助				
	能自己擦屁股、冲马桶				
	能结合拉链头拉上拉链				
	会简单地叠裤子/裙子/上衣				
	能辨别衣物的前后				
	午休时间会入眠或可以安静休息				
	能保管个人物品				
5～6岁	如厕前会敲门，如厕后会关门				
	能系上一颗或更多的中、小纽扣				
	会将衣裤翻到正面并穿着				
	会辨别衣裤的前后并穿着				
	收拾好自己的所有物并放在固定位置				

续表

幼儿基本能力调查表					
第 3 部分 艺术/故事技能					
年龄	内容	独立完成	协助完成		无法做到
			口语	动作	
2～3岁	会随着音乐的节奏拍手、踏脚				
	会唱 2～3 首熟悉歌曲的大部分歌词和旋律				
	会控制涂鸦（画大圆圈垂直线）				
	会用手掌压平黏土				
	会用拇指和食指捏扁黏土				
	用拇指和其他手指，而不是拳头握蜡笔				
	会用手指前端把纸撕成小片				
	能用较粗的笔，使用手腕动作画画，一笔画点、线或圈				
	会与大人一起阅读				
3～4岁	会一边唱一边做动作				
	会跟着音乐唱熟悉的歌曲				
	会命名自己的涂鸦画				
	会在镂空板内涂色				
	会画棒棒人、蝌蚪人				
	会用黏土搓长条、球，捏蛇和饼干等				
	会用剪刀剪 1 厘米宽的直线，连续剪 15 厘米				
	能自己安静看绘本（5 分钟以上）				
	坚持听完简短的故事（5～10 分钟）				

续表

幼儿基本能力调查表					
年龄	内容	独立完成	协助完成		无法做到
^	^	^	口语	动作	^
4～5岁	会唱整首歌				
^	绘画并命名可辨认的图				
^	能画出人物的手、脚和脸				
^	会将简单的图案大致填满颜色不越线				
^	会沿着弧线剪纸				
^	能复述儿歌读图（如讲故事）				
^	会反复看自己喜欢的图书				
5～6岁	能画有头、躯干、腿、手臂和特征的人像				
^	能用黏土捏物体模型				
^	会不断地转动纸张剪出圆形或其他简单图案				
^	会用力剪布和其他材质的图案				
第4部分　社会／游戏技能					
年龄	内容	独立完成	协助完成		无法做到
^	^	^	口语	动作	^
2～3岁	在其他孩子的旁边玩				
^	遇到问题不用哭闹解决				
^	保护自己的所有物				
^	会用动作／表情表达需要				
^	用积木搭简单的线形或把积木堆起来又推倒				
^	会将某物当成另一个物品来玩（借物游戏）				
^	会用肢体语言表达自己的情绪				
^	主动和熟悉的人打招呼及道别				

续表

幼儿基本能力调查表					
年龄	内容	独立完成	协助完成		无法做到
			口语	动作	
3~4岁	会主动参与他人的活动一起玩				
	遇到问题会主动寻求成人协助				
	能指认自己的物品				
	能以适当的方式和其他幼儿沟通及互动（例如，不会打或攻击其他幼儿……）				
	哭闹可以在短暂时间内平复				
	会用口语表达自己的情绪，有时表达不恰当				
	会玩装扮游戏				
	会和2~3个同伴一起玩肢体互动的游戏（捉迷藏、追着跑等）				
	会与他人分享玩具，在提示下轮流和等待				
	游戏和活动中不干扰别人				
	会用9块积木搭高				
4~5岁	能与其他孩子一起合作游戏				
	能维持稳定的情绪，不随意发脾气				
	会用适当的口语表达自己的情绪				
	遇到问题会坚持想办法				
	玩角色游戏且有始有终				
	用积木搭高、架空或合围，摆积木成型				
5~6岁	会选择自己的朋友				
	有轮流和等待的耐性				
	会玩简单的桌上游戏				
	会玩竞争性的游戏				
	会用建筑性玩具造东西，如积木房子、玩具车				

续表

幼儿基本能力调查表				
第5部分　沟通				
年龄	内容	独立完成	协助完成 || 无法做到

年龄	内容	独立完成	口语	动作	无法做到
2～3岁	理解5个代名词（如你、我、我们等）				
	理解5个动词+名词的指令（如吹泡泡、穿鞋等）				
	理解5个"不要"+名词或动词的指令（如不要车、不要睡等）				
	理解5个"还要"+名词或动词的指令（如还要糖、还要抱等）				
	理解5个所有格+名词的短语（如妈妈的包、爸爸的鞋等）				
	记得并执行2件事的指令				
	会以非口语的方式表示"要/不要""好/不好""对/不对""是/不是"				
	会以非口语的方式表达基本需求				
	会以非口语的方式表达感受和想法				
	会用方位副词组回答"什么东西在哪儿"（如在盒子里、在桌上）				
3～4岁	对"把它放在旁边"和"放在下面"做出反应				
	对双宾语的指令做出反应（如给我球和鞋子）				
	对两个动词的要求做出反应（如给我杯子并把鞋子放在地上）				
	听到"走快一点"而加快步伐，"走慢一点"而慢下来				
	命名物体以回答"你要哪一个"				
	会描述刚发生事情的部分内容				
	和人说话时会保持适当的距离				

续表

幼儿基本能力调查表					
年龄	内容	独立完成	协助完成		无法做到
			口语	动作	
4～5岁	记住并执行含3件事以上的常用指令，即对包括三个动作的要求做出反应（如给我杯子、把鞋放在地上、把笔握在手里）				
	记得并执行含3件事以上的非常用的指令				
	会描述最近发生的事情或经验，但顺序会混淆				
	别人说话时能保持安静，不干扰或者打断他人的话				
	会根据情境调整说话音量，大小合适				
5～6岁	会替别人传达简短的信息				
	已经掌握基本语法的正确结构，包括复数、动词时态和连词				
	会有顺序地描述最近发生的事情				
	懂得按次序轮流讲话，不打断别人				

注：（1）该表格收集了幼儿的基本情况和基本能力的发展现状，家长依据幼儿的实际能力表现，在表格中相应的评价栏里打"√"。

（2）此表的目的主要是帮助家长清幼儿现有的能力及挑战，帮助咨询与接案教师初步了解幼儿的现有能力及需要的支持，有利于教学安置小组依据幼儿的能力进行访园/试读安置，并为其提供适宜的活动及支持策略。

表 3-8　幼儿安置建议表

幼儿安置建议表					
幼儿姓名		性别		出生年月	
障碍类型		安置班级		入班时间	
项目	内容				
幼儿现状能力综述	主要从幼儿自我服务能力、遵规和适应能力、安全意识、社会交往及沟通能力方面进行描述。				
幼儿现有困难和挑战	孩子在饮食习惯、自我服务、当前的用药情况及康复、特殊行为和需求等方面存在哪些困难和挑战，这些挑战对班级时间安排、团队协作方面主要有哪些要求。				
家长的教养方式及期待	在家庭教育、家长与孩子的相处过程中，家长通常使用何种方式。如通常严格要求孩子按照自己的想法做事，较为忽略孩子的感受和需求（控制/专制型）；很少对孩子提出要求，但同时也很少关注孩子的需求（疏忽型）；对孩子的要求有求必应，但没有提出相应的规则（纵容型）；与孩子是平等的关系，日常生活中的相处与交流不是简单的命令，而是尊重孩子的一些想法，但同时也有原则和底线（民主型）。 家长对孩子正式进入班级之后有哪些期待。				
安置小组意见	签名：				
园长意见	签名：				
备注					

注：（1）该表格在幼儿办理完入园手续，教学负责人组织召开的安置教研会议中完成，由负责记录的人员填写。

（2）在后面的幼儿安置会议中，教学负责人对此表格的内容向班级教师做进一步解释说明，说明将幼儿安置到这个班级的原因。

表 3-9　家庭作息本位晤谈记录表

家庭作息本位晤谈记录表					
幼儿姓名		出生日期		晤谈日期	
家长姓名		与幼儿的关系		晤谈者	
家庭生态图					
以幼儿为中心，用图示的形式呈现幼儿与家庭成员之间的互动关系，可以用双线或者粗线条表示连接性、互动性强，用单线条或者细线表示连接性一般，用虚线表示有压力、不熟悉或偶尔见面。					
主要关心事项					
1. 2. 3.					
家庭例行活动访谈（按照一日流程顺序）					
起床	活动描述	如通过询问以下这些问题： "一般情况下，孩子几点起床？" "一般谁先起床，几点起床？起床洗漱后大概会做哪些准备？" "孩子用什么方式让你知道他/她醒了？" "孩子起床时，需要家人的帮助吗？谁会帮忙？怎么帮忙的？" "起床后，如厕、盥洗是什么样的情况？"			
	参与度	□无信息			
	独立性	□无信息			
	社交关系	□无信息			
	投入度	□无信息			
	满意度	□ 0 分，一点都不满意　　□ 1 分，还算满意　　□ 2 分，满意 □ 3 分，比较满意　　□ 4 分，非常满意			
	期待及所属领域	您期待孩子在这个环节有什么样的变化或进步？ 如"你期待有什么样的变化呢？""您觉得可以做哪些改变，能让您的满意度达到 4 分？" 所属领域　　□健康　□语言　□社会　□科学　□艺术 　　　　　　□适应性			

续表

家庭作息本位晤谈记录表		
家庭例行性活动访谈（按照一日流程顺序）		
吃早餐	活动描述	"通常，几点吃早餐？" "孩子通常在哪里进餐？都和谁一起进餐？" "进餐时，孩子自己能做到什么？可以做多少？做到什么程度？" "谁会喂他/她？" "孩子用什么方式让您知道他/她想吃什么？一般您是怎么回应的？" "孩子用什么方式让您知道他/她结束了进餐？一般您是怎么回应的？" "孩子喜欢进餐时间吗？您如何得知的？"
	参与度	□无信息
	独立性	□无信息
	社交关系	□无信息
	投入度	□无信息
	满意度	□ 0分，一点都不满意　□ 1分，还算满意　□ 2分，满意 □ 3分，比较满意　□ 4分，非常满意
	期待及所属领域	所属领域　□健康　□语言　□社会　□科学　□艺术 □适应性
外出	活动描述	"早餐后，孩子会做些什么？需要陪同吗？如需要谁会陪同？如何陪他/她？" "去幼儿园，你们使用什么样的交通工具？孩子的心情如何？一路上你们会都做些什么？"
	参与度	□无信息
	独立性	□无信息
	社交关系	□无信息
	投入度	□无信息
	满意度	□ 0分，一点都不满意　□ 1分，还算满意　□ 2分，满意 □ 3分，比较满意　□ 4分，非常满意
	期待及所属领域	所属领域　□健康　□语言　□社会　□科学　□艺术 □适应性

续表

		家庭作息本位晤谈记录表	
		家庭例行性活动访谈（按照一日流程顺序）	
社区及家庭活动	活动描述	"一般情况下，晚上从幼儿园接到孩子，你们会做哪些事情？" "从幼儿园回到社区，你们一般会做哪些活动？" "家里谁会预备晚餐呀？谁会陪孩子一起进餐？"（视情况使用早餐时询问的问题或做必要的调整） "晚餐后，孩子会做哪些活动？是他/她自己选择的吗？他/她常常喜欢做什么？你和家人会做些什么？"	
	参与度		□无信息
	独立性		□无信息
	社交关系		□无信息
	投入度		□无信息
	满意度	□ 0分，一点都不满意　□ 1分，还算满意　□ 2分，满意 □ 3分，比较满意　　　□ 4分，非常满意	
	期待及所属领域	所属领域　□健康　□语言　□社会　□科学　□艺术 　　　　　□适应性	
就寝	活动描述	"孩子晚上几点睡觉？" "睡觉前，孩子盥洗情况如何？需要帮助吗？谁会帮助？会如何帮助他/她？" "通常谁帮助孩子上床睡觉？" "孩子睡觉前是否会读书或者进行其他固定的活动？" "孩子如何入睡？" "孩子如何使自己平静？" "孩子睡后，家人会做些什么？" "孩子可以整夜不起床吗？如果他/她醒了会怎么样？谁来照顾？"	
	参与度		□无信息
	独立性		□无信息
	社交关系		□无信息
	投入度		□无信息
	满意度	□ 0分，一点都不满意　□ 1分，还算满意　□ 2分，满意 □ 3分，比较满意　　　□ 4分，非常满意	
	期待及所属领域	所属领域　□健康　□语言　□社会　□科学　□艺术 　　　　　□适应性	

续表

家庭作息本位晤谈记录表	
最后三个问题	家长的感受
当您晚上躺在床上睡不着的时候，您会烦恼些什么？	
假设您可以改变人生中的任何一件事，您会改变什么？	
您认为属于您自己的时间以及和其他人相处的时间足够吗？	
晤谈过程中家长的期待	晤谈结束时家长期待目标的优先顺序
晤谈者在过程中对于家长提到的期待可以暂时分条记录在这里，在晤谈结束时就这些内容引导家长一起回顾这些期待。	在与家长回顾这些期待时，询问家长对这些期待的优先顺序，并按照家长的排序重新记录。

（此表依据中国台湾一线特教专家的培训及俄勒冈大学特殊教育专业硕士生的分享总结。）

注：（1）该表格可以在家访或者家长有需求时，幼儿园派教师支持家长制订IFSP（个别化家庭支持计划）的过程中使用。

（2）根据晤谈过程中获取的信息，晤谈者在"参与度""独立性""社交关系""投入度"栏内填写简短说明，如果在晤谈过程中晤谈者没有获取相关信息，就在"无信息"前的"□"内打"√"。

（3）在"参与度"栏内填写有关幼儿参与度的简短说明，如吃早餐，会坐在餐桌前用勺子敲桌子或用勺子舀饭等。在"独立性"栏内填写有关幼儿独立性的简短说明，如自己会用手扶碗，主动用杯子喝水等。在"社交关系"栏内填写有关幼儿的交流和社交能力的简短说明，如指着菜碟和家人对视，向家人表达不想吃或者还要吃什么等。在"投入度"栏内填写家庭成员和幼儿互动投入的时间及支持的简短说明，如妈妈帮孩子剥好鸡蛋壳，奶奶喂孩子吃饭等。

表3-10　幼儿班级适应行为支持计划★

幼儿班级适应行为支持计划			
日期_____　　　班组_____　　　幼儿姓名_____ 教师姓名_____ （MS：融入式学习；ES：嵌入式学习；AS：添加式学习）			
常规活动	幼儿行为表现	目前的处理方法	可用教学策略（主要表述在一日生活的哪个环节使用什么样的策略/方法）
《幼儿园一日生活常规评量表》中的目标代号与目标内容	目前幼儿在这个目标下表现出来的状态	教师已经采取的支持方法	MS_____　ES_____　AS_____ 还可以在一日生活中的哪个环节，使用什么策略来支持幼儿该目标的发展。尽量具体描述
			MS_____　ES_____　AS_____
			MS_____　ES_____　AS_____
			MS_____　ES_____　AS_____

注：（1）根据一日生活常规评量结果，班级团队共同讨论制订幼儿在适应期的支持计划，帮助幼儿顺利度过焦虑期，融入幼儿园。

（2）三种学习方式的具体内容可参考《学前融合教育理论与实务》，若对三种学习方式理解有困难，教师可以根据本园的常规生活流程来设计支持策略。

表 3-11　幼儿学习特点调查表

幼儿学习特点调查表			
幼儿姓名	性别	班级	填表时间
项目	幼儿情况		简单说明
信息接收	□视觉　　　□听觉 □视/动　　□听/动　　□综合		幼儿更喜欢哪种方式进行学习，或通过何种方式更易于理解信息。
认知阶段	□具体物（动作、实物） □半具体物（图示） □抽象（符号文字）		幼儿对事物的认识发展到什么阶段，是更多地关注具体的动作或实物，还是对有图文的内容更感兴趣，还是已经开始对抽象的符号/文字感兴趣。
表达方式	□发出声音　　□做手势、动作 □通过表情　　□运用口语 □指图片　　　□指文字 □书写　　　　□普通话 □方言		在什么样的情况下，幼儿通常选择用什么方式来表达自己的情绪或需求。
适宜的活动形式	□小组　　□团体　　□个别 □动态　　□静态		幼儿喜欢什么形式的活动，以及幼儿目前的状况适合什么形式的活动。
独立性	□强　　□一般　　□弱		幼儿活动或生活中通常有自己的主见，可以独立完成活动，还是更加依赖成人的指令和辅助。
主动性	□强　　□一般　　□弱		在什么情况下表现得比较主动。

注：（1）此表格在正式评量/系统评量过程中使用，主要是为了帮助教师确认幼儿在学习/活动过程中表现出的特点。这些信息可以帮助教师在后期的生活中通过幼儿喜欢的方式给予其针对性的支持。如幼儿更喜欢听觉学习，教师便可以通过音乐、语言、有声读物等形式给予幼儿相应的支持。

（2）填写该表格时，班级团队需要共享自己观察到的信息，在每个项目上有共识时填写，对有分歧的项目需要再次进行观察。

表 3-12　评量结果综合分析报告 ★

评量结果综合分析报告			
幼儿姓名：　　　　　　　　　班级： 撰写时间：　　　　　　　　　撰写人：			
领域（依优弱势）	现状分析	原因推断	建议分析
幼儿园能使用评量工具/课程中的领域，如语言/健康。	在大领域下的优势副领域有哪些，需加强的副领域有哪些。幼儿在这个领域下的整体表现，优弱势方面发展的阶段或状态。	有哪些原因促成幼儿的优势表现或弱势表现。	在后续的计划实施中有什么样的支持建议。

注：（1）评量团队完成资料收集后，班级团队需综合所有成员观察或记录的信息，根据所选用评量工具的领域对幼儿的优弱势进行分析。

（2）撰写评量报告可以帮助班级教师对幼儿的发展情况有更加深入和明确的认识，在撰写过程中教师的信息分析与整合能力逐渐提高。

（3）班主任可带领班级团队分工协作来完成报告的撰写，如每个教师选一个自己擅长的领域撰写，然后再互相补充；或者班级团队边讨论边写；或者其他班级团队更为喜欢的分工方式。

（4）评量报告完成后，班主任要与家长进行沟通，就报告内容与家长达成共识，并请家长认可后签字。

表 3-13　IEP/IFSP 计划指南 ★

IEP/IFSP 计划指南				
幼儿姓名		出生日期	性别	
班组		填写时间	填写人	
IEP/IFSP 会议日期		时间	地点	
参与计划人员	此项及以上内容由教师填写			
优势				
幼儿的优势			家庭的优势（家长填写） （包括现有的资源、能力、支持）	
家庭：幼儿最近在家庭生活中的进步或变化，最喜欢的活动，特质。（家长填写）			家庭环境：家庭在支持幼儿发展上有哪些资源和优势，如父母的时间、资源、教育方式，或者爷爷奶奶的时间等。	
幼儿园：描述幼儿在幼儿园生活/活动中的突出进步、发展优势。（教师填写）			社区环境：社区中有哪些资源可以支持幼儿，如亲朋好友、小伙伴、商店等。	
家庭优先重视事项（家长填写）				
幼儿的目标			家庭关心事项	
针对幼儿个人的发展，家长关心哪些事项，可参考《家庭关心事项调查表》中"针对儿童的关心事项，我关心……"的项目来填写。			针对自己的家庭，家长关心哪些内容，可参考《家庭关心事项调查表》中"针对家庭的关心事项，我关心……"的项目来填写。	
幼儿短期发展目标（教师填写）				
根据评量结果、日常观察资料以及家长提供的相关信息（如家庭关心事项等）综合选取幼儿亟须发展和提升的领域和目标，将目标代号、目标内容、初始表现分值、预期表现分值分别填写进下面的表格中				

续表

IEP/IFSP 计划指南				
领域	目标代号	目标内容	初始表现分值	预期表现分值

注：（1）《IEP/IFSP 计划指南》由教师和家长合作完成。这也是家园协作的一个重要媒介，帮助教师、家长在参与幼儿 IEP 会议之前做一个准备。

（2）"领域"一栏中的内容可以根据幼儿园使用的评量工具中的领域划分来填写，如《3—6 岁儿童学习与发展指南》中的五大领域。

表3-14　IEP 会议通知单

IEP 会议通知单
亲爱的家长： 　　您好！教学部定于 ___ 年 ___ 月 ___ 日 ___ 时 ___ 分，召开 _____ 的个别化教育计划（IEP）会议，依据孩子的学习状况和发展需求，与您一起共同为孩子拟定本年度的长（短）期目标。 　　您的参与对孩子的发展和教师的教学非常重要，请您当天准时参加会议，并提出您的宝贵意见。谢谢！ 　　　　　　　　　　　　　　　　　　　　******幼儿园　　敬邀 　　　　　　　　　　　　　　　　　　　　　　　年　　月　　日

注：（1）《IEP 会议通知单》在 IEP 预备会之后，由班主任发给家长。通知单中的时间需要班主任在确定园长/教学负责人、家长、IEP 会议的参与人员的时间后填写，并发给家长。

（2）《IEP 会议通知单》是一种比较正式的形式，在一定程度上可以增加家长的重视度。

表 3-15　IEP 会议记录表 ★

IEP 会议记录表	
幼儿姓名_____　　　主持人_____　　　记录人_____	
时间____年____月____日　　　　　　地点_____	
参会人员：（含幼儿园行政人员、班级教师、家长、其他专业人员等）	
讨论事项	决议事项
1. 分享讨论孩子在幼儿园的进步（总结性描述）。 2. 家长分享近期幼儿在家的变化（总结性记录）并提出困惑。 3. 教师介绍幼儿发展评量结果。 4. 与家长讨论 IEP 方案。 5. 家园双方表达期待。	家长和幼儿园在支持幼儿发展方面达成的共识内容。 记录人需要向参会人员重申并明确达成的共识有哪些。
参与人员签名	职称／关系

注：（1）在 IEP 会议上，由记录人记录会议重要内容，如幼儿的变化、家长的困惑／期待、会议中的决议事项等。

（2）在会议之前或者在 IEP 预备会中，参与会议人员可以提前就记录哪些重点内容达成共识，以便记录人能够快速抓住重点。

（3）此表格是班级团队制订幼儿 IEP 的重要资料，因此记录人最好由班级教师承担，以便参考时有效地使用。

表 3-16　个别化教育计划（IEP）★

个别化教育计划（IEP）								
姓名		性别		年龄		执行班组		计划实施起止时间
参与个别化教育计划者		（包含家长、教学主任、班级教师、相关专业人员等）						
评量工具				监护人同意签名			日期	
领域	长期目标	代号	短期目标	分步目标	初始表现分值	预期表现分值	期末表现分值	开始日期	完成日期
健康	一般填写半年至一年发展的目标	评量手册中的代号	每个目标代号后面的目标内容	将短期目标拆解为步骤					
语言									
社会									
科学									
艺术									
适应行为									

注：（1）IEP 需要班级团队根据评量结果，讨论确定幼儿半年内优先发展的目标以及期待其在半年后发展的状态（即分步目标和分值）。

（2）在第一次撰写幼儿的 IEP 时，班级团队尽量共同讨论，若有存疑，班主任可向园长/教学负责人申请专业教师参与讨论，或者申请巡回辅导教师协助/指导撰写计划。

（3）教师团队对幼儿非常熟悉之后，班主任可根据班级情况进行分工，分别负责撰写某个领域的目标。但注意撰写完之后，必须互相阅读、补充调整，以确保每个教师都熟悉幼儿的发展目标。

（4）表格中的"领域"一栏可根据幼儿园使用的评量工具中的领域划分来填写。

表 3-17　个别化融合教育计划（IIEP）★

个别化融合教育计划（IIEP）					
日期：_____　儿童姓名：_____　教师姓名：_____　融合班级：_____ （关键词：MS= 融入式学习　　ES= 嵌入式学习　　AS= 添加式学习）					
目标代号	目标	幼儿行为表现/现状能力/基本能力	目前的处理方法	可用教学策略	可介入的教育环节
IEP 中的短期目标代号	IEP 中的分步目标	幼儿在这个目标下发展的状态	目前教师经常会使用什么样的方法和策略帮助幼儿	MS_____　ES_____　AS_____	
				MS_____　ES_____　AS_____	
				MS_____　ES_____　AS_____	
				MS_____　ES_____　AS_____	
				MS_____　ES_____　AS_____	

注：（1）IIEP 的目标以 IEP 的分步目标为起始，具体描述目前的状态和处理方法，并讨论将在什么环节使用何种教学策略。

（2）IIEP 已经是较为具体的教学方案，教师可在每月/每周/每天的课程或活动中直接参考执行，无须再重复活动设计。

（3）班级团队可通过共同讨论、分工撰写并相互补充、分组讨论等形式来撰写 IIEP 方案。若师资不足，班级可减少目标数量或者简化文字描述。

（4）填写方法与《幼儿班级适应行为支持计划》相似。

第四章 学前融合教育常见 35 问

1. 融合教育与全纳教育的联系是什么？

1994年《萨拉曼卡宣言》首次提出"全纳教育"的教育理念，后来在《全纳教育共享手册》一书中编者对"全纳教育"作了明晰的描述："全纳教育是满足所有儿童需要的教育，无论其身体、智力、社会、情绪和语言或其他情况如何，也无论其民族、性别、年龄、种族、国家、是否有障碍、语言和社会经济地位如何。这包括有能力障碍的儿童和英才儿童、流浪儿童和童工、落后地区儿童、少数民族儿童和处境不利或边缘群体儿童。"

我国香港和台湾地区先接触这个先进的理念，并将其翻译成"融合教育"，我国大陆就沿用了香港和台湾地区的翻译，多数习惯使用"融合教育"。在2006年《残疾人权利公约》由联合国大会通过，并于2007年开放供签字之后，公众开始接触到"全纳教育"的理念，因此受到西方社会和港台地区的影响，逐渐在研究和实践领域对两个词语进行混用。这样的混用也确实引发了一些争论，有人认为二者意思相同，只是翻译不同，也有不少研究者认为两个术语应当有不同的理解。其实，无论是"融合"还是"全纳"，最重要的是对其基本理念和专业的理解，强调的是对所有学生受教育权利和个性化需求的尊重。

在河南全省推广的过程中，我们一直沿用的是学前融合教育。并在推广过程中遵循全纳教育中"每一个儿童都是不同的，都有各自独特的特性、兴趣、能力和学习需求"、"通过增加学习、文化和社区参与，减少教育系统内外的排斥"等核心理念。

2. 幼儿园如何面对班额大、师资不足、经费紧缺的困难？

首先，这是一个信念问题，即取决于幼儿园是否真正想做融合教育。在经费和人力紧缺的情况下，幼儿园可以力所能及地招收和服务特殊需要幼儿，例如可以先从接收障碍程度较轻的特殊需要幼儿开始尝试和探索，或者可以从营造融合的文化氛围开始。像农村地区的一些幼儿园（许昌市蒋李集镇华蕾幼儿园、鹤壁市淇县庙口镇小牛津幼儿园）师资严重缺乏，多为1教共保，但是他们在开展融合教育的时候，能够实施到一种较好的程度，有非常多的良好实践案例。

其次，近年来，国家一直致力于鼓励并要求幼儿园缩小班额，推行小班化教学。随着政策的落实，班额大的问题逐渐得到缓解。面对班额大的问题，幼儿园也可做适量调整，适量减少普通儿童的人数。

最后，很多幼儿园，尤其是民办幼儿园都会面临经费紧缺的问题，在这种情况下，幼儿园可通过整合资源、申请项目等方式寻求政府支持和企业资源。从现在及未来的发展趋势看，政府越来越重视融合教育，也将会逐渐加大投入和支持力度。

3. 如何提高教学负责人对融合教育的重视度？

关于如何提高教学负责人对融合教育的重视度，有两个比较核心的因素：

首先，同时是最基础也是最重要的一点，教学负责人要认同、理解融合教育的理念，有了理念便会在自己的专业内积极地想办法解决问题。

其次，园长需要提供一些行政支持，为教学负责人提供接受理念和专业培训的机会，并对教学负责人在幼儿园推进融合教育工作提供充足的施展空间，以帮助其想办法解决融合教育实践过程的挫折与困难。

4. 如何减轻园内教师对接收特殊需要幼儿的抵触心理？

一般情况下，教师对接收特殊需要幼儿有抵触心理，会有担心增加工作量、承担安全责任、扰乱课堂秩序、普通孩子家长有意见等几个原因。因此减轻教师的抵触心理需要从不同的角度来做一些工作。

营造尊重、接纳、合作的幼儿园整体氛围和团队协作关系。园长可以为教师提供一份尊重和空间，尊重教师的差异和个性；让教师认识到教师的义务和职责是服务于所有儿童，并可从幼儿园文化、氛围、团队凝聚力等方面支持教师开展工作；让教师看到在融合教育工作中并不是只有自己一个人。

引导教师感受成就感。幼儿园可以激发教师在开展融合教育过程中产生新的思考，不断支持教师提升自己的能力。同时行政领导可以通过关注教师的工作状态、给予其肯定和鼓励等方式，让教师感受成就感。当教师在实践过程中看到了它的价值，就会从被动化为主动。

行政领导重视，提供充分的支持。在人员配置、幼儿安全问题、家长沟通等方面，幼儿园是教师的坚强后盾，可以通过提前准备和预防来避免一些问题或者减轻家长顾虑，而不是等安全问题发生了再进行补救或让教师承担责任。另外，幼儿园也可为进行融合教育实践的教师提供一定的补贴。

5. 如何缓解融合班级教师几种常见的心理压力？

班级中有特殊需求幼儿确实会在一定程度上增加班级教师的心理压力，如因受挫、担心安全、专业和技能要求高而产生焦虑等。行政领导需要提供一些支持来缓解教师的心理压力。

以下几点经验可供参考：组织团建、茶馆谈心、艺术调节、阅读等活动，为教师提供心理疏导和园内支持；营造轻松的园内办公环境；为教师提供外部培训、园内专业分享以及职务晋升等平台和机会，提升教师的成就感；承担一些家长工作，促进家长和教师的双向理解，减轻教师开展家长工作的压力；适当地为融合班级的教师发一些补贴，调动教师的积极性；为融合班级多配备1名教师，分担融合班级的教学任务。

6. 如何提升幼儿园行政领导对学前融合教育的支持力度？

幼儿园行政领导的支持是开展融合教育的一个关键性因素，决定着是否要接收特殊需要幼儿入园。但在接收特殊需要幼儿入园之后，一线教师便成为幼儿教育的主体核心。一线教师也可以进行向上管理，影响行政领导的决策。

首先，可以通过教学活动、生活活动、班级氛围以及同伴关系等方面的设计和调整来支持幼儿，在此过程中不断提升教学质量，当行政领导看到融合教育的价值，便会逐渐转变理念。

其次，教师在向行政领导申请支持时，一定要讲清楚目前班级工作的状态、遇到的问题以及需要行政领导给予哪些支持。

7. 如何在新生家长会上做好学前融合教育宣传？

宣传融合教育，首先需要了解家长对融合教育的认知程度以及他们的顾虑和担忧。普通孩子家长一般会提出诸如"会不会伤害其他小朋友？""会咬人吗？会打人吗？会抓人吗？""其他小朋友会不会模仿他们不当的行为啊？"等担忧，甚至有些家长会觉得这是一种病症，担心会不会传染。幼儿园在家长会上要先理解家长们的担心、顾虑，再借助幼儿日常的视频、照片等来呈现普通孩子对特殊需要幼儿的评价、日常的互动，让家长看到其实融合教育适合每一个孩子，对所有孩子都有积极的促进作用，消除家长心中的顾虑和障碍，正确认识融合教育的内涵。

对特殊需要幼儿家长来说，他们一般会担心自己的孩子在幼儿园受到排挤和歧视、教师是否有精力照顾等。幼儿园可在特幼家长会上通过专业内容以及视频、照片、作品的形式来呈现对特殊需要幼儿的重视、关注、支持和服务，打消家长的担忧，并鼓励家长积极参与家园共育工作。

8. 如何让普通孩子家长逐步理解幼儿园开展学前融合教育？

（1）传递融合教育的理念和价值。园长是一所幼儿园最重要的角色之一，园长要先认可融合教育的理念和价值，这样才能传递给整个幼儿园，促使团队在理念上达成一致。教师在班级中营造融合氛围，然后与家长分享融合教育的益处。

（2）招生前的预知。在新生入园咨询时，可以通过宣传页、一对一问题答疑等形式让家长了解幼儿园融合教育理念，即使家长没有询问，也要主动告知家长幼儿园接收有特殊需要儿童。另外，入园前组织理念讲座，请所有预报名家长（尤其是幼儿父母）全面了解融合理念，在了解的基础上如果仍愿意送孩子入园，再正式报名。

（3）参与活动。也许仅靠口头讲授家长只能了解表面，在孩子正式入园后，要通过丰富的班级及幼儿园活动让家长深入了解并认同融合教育理念。比如在家长会上渗透理念；借助半日活动、老友记活动等让家长实地了解特殊儿童在班级中的情况，消除误解；透过亲师交流活动让家长说出自己的困惑。

（4）成为志愿者。当家长能深入了解并接纳融合教育时，他们就会成为融合教育的宣传者和志愿者，他们会将自己的感受分享给身边其他家长，家长传递的真实感受往往会比教师的分享更让新生家长信服。

9. 如何提高未经诊断的疑似个案家长的重视度？

幼儿园首先要明确希望家长重视什么，是对疑似个案的关注与支持，还是仅仅希望家长带孩子去做诊断。另外，也要了解为什么家长不重视，针对其不重视的原因针对性地与家长进行有效沟通。一般来说，家长不重视会有以下几种原因。

一是家长不认为孩子有特殊需要。这种情况下想要引起家长的重视也许需要经历一定的过程，但无论如何教师要向家长表明幼儿园也是为了孩子更好地成长和发展，循序渐进地向家长讲解孩子的特殊需要对他以后生活的影响。

二是家长忙于工作而忽略孩子。针对这种情况，班级教师可以经常给家长发送一些孩子的照片、视频，帮助家长了解孩子在幼儿园的真实情况，向家长分享孩子的优点、进步。待家长更多地关注孩子之后，再进一步地与家长沟通孩子的一些特殊教育需求，并与其共同商讨如何做好家园协作以促进孩子更好地成长。

三是家长已经认识到孩子有特殊需求,但是担心幼儿园知道后会拒收。教师可以向家长明确表示,幼儿园接纳并服务于所有的孩子,尊重每个孩子的个体差异,不会因为他有特殊需求就拒绝他入园,与家长沟通是希望能够协力促进孩子成长,这样可以减轻家长的顾虑。同时,幼儿园可为家长提供一些政策信息,如持有诊断证明可以获得政府的相关补贴;也可告诉家长,如果明确了诊断结果,孩子将会获得更有针对性和专业性的支持等。

10. 如何提高家长对孩子特殊需求的接纳度?

家长不承认或不愿意公开孩子的诊断证明,很多情况下是因为家长还没有真正接纳孩子的特殊需求,要么未从打击中走出来,要么对孩子抱有不合理的期望,或者担心公开诊断证明会影响孩子的未来发展。但教师与家长沟通时要避免直接否认家长不合理的期望,或者是用负面的词汇形容孩子而加重家长的负罪感,可以从以下几个角度与家长进行沟通。

首先,要了解特殊需要幼儿家长的心路历程,建立理解心,站在家长的角度倾听他们对孩子的期待和心声。在此基础上可以先分享孩子的优点,然后用客观的语言描述孩子存在的一些挑战,帮助家长更好地认识自己的孩子。多主动询问家长的意见,鼓励他们提出自己的想法。

其次,尊重家长的选择。教师要表明幼儿园将会尊重并保护家庭和孩子的隐私,并真诚地告诉家长幼儿园会为孩子保密,了解孩子的真实情况只是为了更好地寻找适宜的策略支持孩子。

11. 如何帮助家长在家庭中有效支持孩子？

一是要帮助并确认家长真正了解自己的孩子，认识到孩子在家庭的生活状态。这时可以与家长进行作息本位晤谈，作息本位晤谈是指教师以教练的方式对家长访谈，通过询问家庭中的例行活动、例行活动中所有在场家人的活动情况及家长最关心的三件事等，借以了解幼儿的独立性、家庭的投入度、家庭关系，同时帮助家长在叙述过程中对孩子的状态和问题有更深入的了解。

二是倾听和理解家长的感受，并在此基础上通过询问帮助家长明确自己关心的问题，并找出问题背后的原因。例如，针对孩子的一些问题行为，询问"听起来您似乎非常愤怒/生气/伤心/无奈，是因为这个问题影响了家庭活动的进度吗""这个行为出现之前发生了什么事情""您当时有什么样的反应""家人有怎样的反应"等。

三是可以分享孩子在幼儿园的表现、教师经常使用的方法，提供一些支持孩子的小策略。如请家长理解孩子的感受、适时向孩子表达自己的感受、提前预知可以陪伴孩子的时间、制作进步表请家人一起发现孩子的进步等。

四是教师需要定期跟进，与家长保持定期沟通，及时鼓励和肯定家长的一些好的做法和坚持。

12. 如何快速与家长建立信任关系？

与家长建立信任关系一般发生于新生入园前后，这时家长对幼儿园和班级抱着观望、怀疑的态度，班级教师团队可采取一些措施与家长建立信任关系。

在新生入园前，很多与家长建立关系的时机与工作就已经开始了，例如访园、家访、家长会。班级教师团队可以提前熟悉幼儿的基础资料，掌握最基本的信息，以便能够随时和家长沟通。

新生入园后，班级教师团队共同协作，讨论确定每天需要观察的幼儿，并分工与幼儿家长进行联系沟通，反馈幼儿在园情况。对一些较有挑战的孩子，可由经验丰富的教师负责与其家长沟通。也许这段时间会比较辛苦，但与家长建立信任关系之后，将会有利于后续班级工作的开展。

尊重和聆听家长的反馈、期待和建议。教师在对孩子了解不充分的情况下，最重要的是要先尊重和倾听家长的一些分享，抓取比较关键的信息，并分享自己所观察到的内容，让家长看到教师有关注到自己的孩子。

13.家访工作有哪些注意事项？

家访是进行个别化家庭教育指导的一种常用方式，也是确认家庭需求、收集家庭信息的重要方式。但家访并不是简单地到幼儿家里聊聊天就可以了，而是需要注意一些细节。

在家访之前，教师团队要明确家访的原因和目的。一般来说，家访会安排在期初、期中、期末，或者是遇到了一些难以解决的问题需要家庭共同协作时。

无论是哪种情况下的家访都需要与家长预约时间，说明家访目的。预约的时间尽量避开用餐时间，可以选择在周末进行。在出发之前，教师最好告知家长大约会到达的时间，如果交通堵塞导致晚点，切记也要提前告知家长。

家访工作一般由 2 名教师搭配协作完成，如果幼儿在家时无人照顾，3 名教师也是很理想的组合，其中 1 名教师可以带领孩子玩耍，另 2 名教师与家长进行沟通。2 名教师落座时，可以坐在家长的同一边，以免在沟通过程中家长不停地转头。家访过程中，教师还需要关注家庭主要成员之间的关系、互动状态等。

照顾自身安全。如果是对新生的第一次家访，教师要注意保护自身安全。例如，出发之前和到达之后可以给同事发信息告知自己的位置、标志性建筑等，落座时选择靠门边的位置。

14. 建设和使用资源教室有哪些要求和注意事项？

2016年教育部办公厅出台了《普通学校特殊教育资源教室建设指南》（下文称《指南》），要求普通学校（含幼儿园、普通中小学、中等职业学校）设立资源教室。根据《指南》，资源教室是设在普通学校内的一个物理空间，主要包括学习训练、资源评估以及办公接待等几个区域。在普通学校设立资源教室的主要目的是通过一定的设备、区域促进特殊需要学生更好地融合，是作为融合教育的辅助设施而存在，国内暂时没有幼儿园资源教室的建设标准，其他省份还是在沿用义务教育阶段的标准。

首先，资源教室的物理空间并非必不可少，没有这样的空间也不一定会影响其功能的发挥，因为资源教室中的很多功能在其他地方也可实现。幼儿园常常设置有美工室、阅览室、音乐室、木工工作坊等功能教室。例如，秋千和蹦床可以作为感觉统合训练的一种方式，攀爬架促进幼儿肢体协调能力的发展。

其次，建设资源教室时要本着实用性的原则，最好融入普通班级。因此，在融合幼儿园不必要设置专门的资源教室，幼儿园应根据特殊需要幼儿的障碍类型、评估结果，在原有的各类功能室里投放支持特殊需要幼儿学习和发展的相关器材和材料。如在已有的图书室或者图书区里投放盲文图书、点读书、洞洞书、平板电脑等；在美工区里放置更多的触觉材料；在音乐室里开展艺术调理活动，让学习环境更加有趣且多元。这样既减少了特殊需要幼儿在一日活动中空间的隔离，也实现了资源共享。

15. 如果已经建立了资源教室，具体该如何使用？

如上题中所述，普通学校建设资源教室的目的是促进学生更好地融合，因此特殊需要幼儿不能专门安置在资源教室，否则就违背了建设资源教室的初衷。如果资源教室已经建成，有几种使用方法可供参考：①在日常教学活动中设计相关的融合小组活动，如运动、下棋等。②当特殊需要幼儿及其他幼儿或者教师有评估、训练的需求时，可以在某个时间段在资源教室接受服务，但切记这只是作为融合的一种辅助支持方式。③普通幼儿也会有不同的需求，资源教室不只是为特殊需要幼儿服务，同样可以向普通幼儿开放，如组织一些小组活动。

16. 河南省生均经费的基本规定是什么？

豫政办〔2017〕143号文件《河南省人民政府办公厅关于完善学前教育经费投入机制的通知》规定：

公办幼儿园年生均财政拨款基准定额为：市级幼儿园5000元，县（市、区，含乡镇及以下）独立设置幼儿园3000元，特殊教育幼儿园和随班就读残疾幼儿10000元（含民办）。生均财政拨款不含保教费等收费收入以及幼儿园事业收入、其他收入等。……生均财政拨款基准定额所需资金按幼儿园现行隶属关系由同级财政安排，纳入年度预算。

生均财政拨款主要用于学前教育人员经费、保育教育业务和后勤服务等运转支出，具体包括：人员工资、社保缴费、住房公积金、保育教育业务、教师培训、印刷费、水电费、取暖费、差旅费、邮电费、教玩具购置、房屋建筑物及设施设备日常维护等。生均财政拨款不得用于发放超出基本水平的绩效工资，不得用于基本建设、对外投资、偿还债务、对外捐赠等。扩充学前教育资源的基本建设项目不得挤占生均财政拨款，由同级财政部门另行安排。

17. 幼儿园如何招收特殊需要幼儿？

一是拓展招收渠道，请相关部门、机构、家长推荐。

目前，各地残联对残障儿童的情况非常了解，特教机构、妇幼保健院等地方均有较多残障儿童在做康复。幼儿园可与其建立良好的关系，请其推荐康复状况较好的适龄特殊需要幼儿入园。另外，因试点园名单已正式公布，有心的残障儿童家长也会通过电话/上门咨询的形式咨询入园，还有一些了解情况的家长也会介绍残障儿童入园。

二是为特殊需要幼儿预留名额。各园普通儿童名额均很饱和，如果要开展融合教育，保证特殊需要幼儿的受教育机会是基础。

三是广泛宣传融合教育理念。幼儿园可通过丰富的节日活动、运动会、摄影展、家长会等形式让更多人了解融合教育，也可通过主流媒体（报纸、广播、电视、网络）、自媒体（微信群、公众号……）扩大宣传融合教育的理念和价值。

18. 教师不会专门的手语或盲文知识，能否接收听力障碍或视力障碍儿童？

事实上，只要你喜欢教师这份职业，对幼儿的不同学习需求持欣赏和开放心态，愿意探索新的教学方法和课程设计，敢于想象一种完全不同的教育，那你就成功了一半。如果身边再有一些有经验的教师与你合作教学,再和家长建立相互支持的伙伴关系,那你就又向前迈了一步,合作对于融合教育至关重要。

没有特殊教育的专业学习在特定的情况下反而是优势而不是劣势。它可以促使教师探索更多新颖的沟通、教学方法、课程设计来支持各种障碍类型的幼儿。听力障碍儿童和视力障碍儿童在其他的能力发展方面与普通儿童基本保持一致。对于听力障碍儿童来说,现代的人工耳蜗技术已经发展得较为成熟,结合早期康复,他们融入普通幼儿园不会面临太大的困难。

视力障碍儿童进入幼儿园后,幼儿园可通过提供有声读物、在区域中投放触觉性的材料、在课程中设计使用具有明显特点的教具、建立同伴关系等多元化的方式来支持其适应幼儿园生活。例如,奇色花一名视力障碍儿童小胡胡,他只有微弱的光感。在最初入园时,班级教师为其制订了周密的 IEP,通过有声读物、引导其触摸玩教具、建立同伴关系等方式支持其很好地融入幼儿园生活。目前,小胡胡的所有发展计划都已与普通儿童保持一致。

19. 我们已经接收留守儿童开展融合教育,那么是否还要接收残障儿童?

这是融合教育中的一个核心问题,在融合教育的理念下,幼儿园并不是接收了某一个群体就可以不用接收另外一个群体了,而是要看当地社区的具体需求。每个群体、每个儿童都有接受教育的权利,如果幼儿园周边辖区内的孩子有这样的需求,都是我们需要支持的对象,不论是留守儿童、残障儿童还是困境儿童,都要根据他们的需求,没有筛选、没有等级地接收入园。

20. 在幼儿入园前，除了让家长填写和提交表格之外，还需要收集哪些信息？

理论上来讲，表格中的信息已经较全面，但也会有很多情况如家长的受教育程度不同、没有客观呈现家长与孩子的互动情况、父母虽然填写表格但他们并不是主要照顾者等，影响表格内容的客观性、完整度和清晰度。这时就需要教师通过一些其他的形式来收集更多的信息。

直接观察，了解孩子的行为方式、家长与孩子的互动方式。一般情况下表格不会很详细且客观地呈现这些信息。教师可以在家长带孩子访园或者家访时进行直接观察。

面对面访谈，了解孩子生活自理、饮食习惯、行为习惯方面更加细节的信息。例如家长在表格中填写孩子偏食，教师可以更多地了解孩子偏向哪些食物、是否有具体的原因、家庭的饮食结构对孩子饮食的影响等。

家访时进行观察和晤谈。通过家访，教师可以直观地了解孩子在家庭的生活状态、孩子的家庭结构、家庭成员间的关系及每个成员对孩子的影响等。

21. 如招收重度残障儿童，是否要单独给他们安排在一个班？

单独给残障儿童安排一个班与将特殊需要幼儿专门安置在资源教室是相同的做法，原则上来说这违背了融合教育的初衷。幼儿园可以通过时段融合的方式来作为支持特殊需要幼儿的一个过渡阶段。时段融合是在孩子入园第 1~2 周，班级可安排其每天 1~2 小时的时段融合，并不断调整一日生活流程中不同的融合时间段。当孩子熟悉一日生活流程之后，便可以逐渐增加融合时长，直至完全融合。时段融合是帮助孩子循序渐进适应并融入幼儿园生活的一个过渡环节,但最终目的还是要支持特殊需要幼儿完全融入班级。

22. 融合班级是否需要一名教师专门看管特殊孩子?

融合教育强调通过班级团队协作、教学设计、同伴关系等各种方式支持特殊需要幼儿。当幼儿障碍程度较为复杂、需要较多的支持时,配班教师可重点观察和支持特殊需要幼儿。但安排一名教师专门看管特殊需要幼儿有一定程度的风险,即容易造成班级内的隔离,将照顾和支持幼儿的责任和任务统归于这名教师。另外,幼儿园的所有课程都是整合性的,在一日生活流程和活动中,孩子会自然形成不同的小组,安排一名教师专门看管特殊需要幼儿将会影响他与班级教师和同伴的自然互动,不利于其社交的发展。

23. 学前融合教育工作主要有哪些档案资料?

融合教育档案一般包括个案档案、管理档案、宣传档案、项目档案几个类别。这里重点介绍一下个案档案和宣传档案。

个案档案主要包括基础档案和融合档案。基础档案主要包括智商测试、市级以上医学鉴定、父母身份证复印件、儿童户口本复印件、残疾证复印件(如果没有可忽略)、入园就读协议、个案基本资料(含《兴趣物调查表》)等咨询与接案以及办理入园手续过程中收集的资料,融合档案包括孩子的基本资料、各种调查表、评量结果、计划、幼儿园生活中的各项观察记录以及评鉴等相关资料。个案档案中也可以包括幼儿生活/活动中的照片、图表、具有关键意义的作品及其他记录等内容。

宣传档案包括公共媒体宣传、自媒体宣传等内容,幼儿园可将这些媒体宣传版面进行截图、拍照留存电子档案，也可将其打印保存到档案盒中。

24. 建立学前融合教育档案有哪些要求和方法？

档案的管理要遵循真实完整、保密性原则、有参考价值、易于长期保存、格式规范等要求。具体来说归档的文件材料有以下几点要求：一般一式一份，分为电子档案和纸质档案；分门别类要清楚；必须整齐、清洁、字迹清楚，便于利用；层次分明，符合形成规律；必须完整、系统、准确地反映个案或活动中真实内容的历史过程；定期整理档案，同时要把一些档案重新进行归类和整理，对于有问题的档案要及时和当事人联系，尽快将档案全部整理完善。

建立纸质档案有以下几个小技巧可以参考：巧用夹子、目录和便签，善用文件框，做好常用资料的归整，做好日常资料紧急程度排序。

电脑资料的存档小技巧：使用文件夹做好分类，及时定期整理，文档名包含时间且便于检索，重要信息保存在 D~G 盘，垃圾文件及时清理，使用资料汇总清单。

25. 如何解决孩子弱于同龄孩子发展水平且经常发生惊厥的问题？

若孩子是偶尔/突发惊厥，教师需要及时与家长沟通，了解孩子真实的身体情况。如果在家里也发生过惊厥，就要详细了解孩子惊厥的原因，是高热惊厥还是有癫痫；询问就医状况，是否用药；了解惊厥的频率、状态，有哪些注意事项等。如果确定是第一次发生惊厥，教师需要向家长表述清楚惊厥前后的各项事情，并建议家长及时就医；然后根据孩子的情况给予合适的支持。

若孩子经常发生惊厥，教师也不要惊慌，可以通过观察、记录掌握其惊厥的规律、引起惊厥的原因、惊厥时的反应等，以便做一些预防或惊厥发生时采取及时有效的措施。另外，园长可以组织幼儿园教师学习惊厥的常识和处理措施。

 **知识拓展**

癫痫基础知识和处理措施

癫痫是小儿时期常见的一种病因复杂、反复发作的神经系统综合征。是由阵发性、暂时性脑功能紊乱所致的惊厥发作。病因分为原发性和继发性两种。临床表现为反复发作的肌肉抽搐，意识、感觉及情感等方面短暂异常。主要因小儿神经系统发育不健全，大脑皮层受到刺激产生过度异常放电所致。惊厥时绝大多数小儿不省人事，两眼紧闭或半睁，眼球上翻，牙关紧闭，口角抽动，头向后仰，四肢反复屈伸，口唇青紫，身体强直，持续十几秒钟到数分钟。癫痫是一种慢性疾病，小儿癫痫病因多样，临床表现各异，首先要查明病因确定诊断。选择恰当的适宜的治疗，患儿遵照医生嘱咐按时、按量服药，绝大多数患儿病情能得到控制或治愈。

幼儿癫痫发作时，可参考"五字诀"进行处理，即"移、勿、侧、陪、送"。移，不要移动患者，就地休息，移开周边尖锐物品，帮助其躺平，将软物垫于其头下；勿，不要强行压制幼儿肢体，不要将硬物放入幼儿口中，可捏开幼儿嘴巴，或让其咬住软的东西，以免咬到舌头；侧，协助幼儿头侧放，避免堵塞呼吸道，或者唾沫回流引起窒息；陪，陪伴幼儿至神志清醒，给予安慰照顾；送，连续抽搐5分钟以后，有大伤口或发作后神智未恢复，将其尽快送医治疗。

26. 有些孩子会有上课坐不住、不听教师的指令或者不与人对视的"异常"行为，如何鉴定他们是不是特殊需要幼儿？

幼儿园作为一个教育机构，是没有鉴定资质的，但教师可以通过观察分析来了解孩子的行为、动机及需求并提供相应的支持。在观察分析孩子的行为之前，一定要先排除生理上/医学上的某些判断，如"斜视"。这里以坐不住、不听指令、不与人对视为例做一些解释。

（1）坐不住。首先要通过观察了解孩子坐不住的原因，是感知觉需求、对课程不感兴趣，还是听不懂；是在静态的活动中坐不住，还是在动态的活动中也无法参与等。教师要针对自己推测出来的原因再做进一步观察。如果是感知觉需求，教师可以利用其喜欢的物品（如橡皮泥）来让他坐下来。但需要注意在这之前一定要向其他孩子解释清楚原因。如果他是对教师的课程设计不感兴趣，那教师可以利用他感兴趣的事情观察他大概能坐多长时间，这样就可以判断幼儿到底是因为何种原因坐不住，再采取相应的支持策略。如果孩子是因为感知觉需求而坐不住，教师也可使用摆位椅、触觉垫等辅助工具。

（2）不听指令。同样还是要分析不听指令的原因是什么，他是听懂指令而不执行还是不理解指令，我们从这个方面再做多次观察。如果他能听懂而不执行，这是行为或规则意识的问题；如果他不理解这个指令，说明幼儿的理解能力有些弱。也有一些特殊需要幼儿在机构接受康复训练时习惯了一对一的指令，因此听集体指令会有困难，这时可以在发出集体指令后，再给予其一个简单明确的指令，便于其理解并执行，同时也可以配合一些手势，帮助其对指令进行理解。

（3）不与人对视。要先排除"斜视"的情况，然后观察孩子不与人对视是因为害羞还是其他。如果大多数情况下，孩子都不与人对视，或者是与人对视的目光少且短暂，总是一闪而过，可能他会有自闭症的倾向。如果是自闭症的孩子，我们不必非要与他们对视，与其交流时可以看着他的耳垂。

27. 自闭症幼儿有哪些特点？

自闭症幼儿通常来说有一些共性的特征，主要包括以下三点。

（1）人际互动、社会交际、理解社会规则、理解社会行为与关系存在困难。例如：说话时眼睛不看人、他人打招呼不响应、表情变化少、很少主动找玩伴、有需求时才会找大人、不善模仿、无法了解他人的肢体语言和情绪反应，不懂得社会规则，以致环境适应困难。

（2）语言沟通存在困难和障碍。例如：语言发展迟缓，常对他人指令充耳不闻，如鹦鹉式的仿说、答非所问、自言自语、不会和对方一来一往对话、只说自己有兴趣的话题，说话咬字或音调异常等。

（3）固定反复的行为、狭隘的兴趣和游戏活动。例如：对某物（如汽车）特别偏好，执着于固定的玩法、流程、路线或食物，若有改变则会产生强烈情绪反应和哭闹行为；重复转圈、排列物品、拍打纸片、摇晃身体或手指；感觉过度敏感或迟钝，如排斥洗脸刷牙、害怕某些他人习以为常的声音；擅长机械性的操作，拙于角色扮演或想象性游戏。

28. 支持自闭症幼儿要遵从哪些原则，采取什么措施，注意哪些细节？

支持自闭症幼儿时，教师要了解一些方法和细节，以便与其进行有效沟通，避免其产生不必要的情绪行为问题。

为其建立规律的生活流程和环境。这里主要包括环境、生活流程方面，可以通过图片提示、制作生活流程图等来帮助其建立规律的生活。若流程中某个环节需要改变，可以提前预知即将发生的变化，并与其协商可以怎么做。

给自闭症幼儿弹性的时间来缓和情绪。在活动衔接、一些临时改变或突发的变化或许引起自闭症幼儿的拒绝或者情绪时，教师的处理方式切勿太过强硬，可借助同伴关系、暂时忽略或制造更有吸引力的活动来缓和他的情绪，引导其主动参与。

遵守原则。这里既包括教师在处理自闭症幼儿的行为时要遵守原则，让他知道原则是什么，也包括教师自己要遵守原则，确定的事情或者答应他的事情一定要做到。

转移不适当的行为或建立替代的行为。如自闭症幼儿通过打人来互动时，教师可以引导其与别人握手来替代"打"的动作。

29. 如何解决孩子的偏食问题／改善偏食习惯？

对于偏食的孩子，我们首先要做一个细致的观察，了解他偏食的具体原因。大致可分为以下几种状况。

（1）不喜欢食物的形状、颜色。例如青菜、火龙果等较长或有籽的食物，但是换一种制作方法，孩子可以接受，如将青菜榨汁／切碎与面粉混合做成青菜面。这样的情况下，幼儿园行政领导需要提供协调和支持，请厨房工作人员做一些调整。同时，教师需要和家长沟通，请家长在家丰富食物的制作和烹调方法，促进幼儿营养的摄入。

（2）不喜欢食物的味道。有些孩子的味觉非常灵敏，能够品尝出细微的味道。教师可以采用正强化或代币制的方法，循序渐进地帮助孩子改善偏食的问题。例如，第一次可以使用孩子最喜欢的物品鼓励他吃很少量他不喜欢的食物，做到之后立即给予增强，第二次、第三次……逐渐加量，最终让他适应食物的味道。也可以通过同伴关系激发并引导他对这种食物产生兴趣。

（3）家庭饮食结构的影响。有些孩子不喜欢吃某些食物也许是受到家庭饮食结构的影响，也许是家长不喜欢或不买某种食物，而影响到幼儿的偏好。这时可以请家长做一些配合工作。但是如果孩子非常坚持不吃某种食物，教师在评估这样的行为不影响其身心健康的基础上，也可不必强求。

30. 如何支持特殊需要幼儿与班级教师及同伴建立良好关系？

（1）与教师建立关系。教师要以亲切、平等、尊重的态度积极主动地与孩子交往，并力图从孩子的角度体验他们对人、对物、对事的感受；要经常使用协商、建议的口吻与孩子谈话，通过表情、语气、姿态、动作体现对他们的尊重与信任，并创造条件让他们经常获得成功的体验和积极的反馈，让他们感受到自己是受欢迎的；注意对孩子发起的交往行为做出及时、适宜的反应；在与特殊需要幼儿交流沟通时语速要慢，并辅助以手势、眼神、肢体等非语言的方式。

（2）建立同伴关系。教师可以通过新生欢迎会、明星时刻、老友家庭等活动，引导普通幼儿对特殊需要幼儿的认识、建立同伴之间的联系。同时可在班级中观察特殊需要幼儿比较喜欢哪种类型的孩子，哪个孩子跟他走得很近或者愿意帮助他，然后逐渐支持他与这个孩子建立关系。如特殊需要幼儿做的小贺卡或者小贴画儿，教师可以引导他送给喜欢的小朋友，有时也可以让特殊需要幼儿与喜欢的同伴在一起游戏，支持他们建立更加紧密的联系。确定好一个同伴以后，教师可以再寻找下一个同伴，让班级里面的孩子都能逐渐去接受这个孩子，这个孩子也能够在这个班级里面很融洽地融入一日生活环境中去。

31. 特殊需要幼儿影响班级常规怎么办？

在融合教室里，特殊需要幼儿对常规的意识比较薄弱，常常会挑战教师的要求，个别比较调皮的普通幼儿常常跟随特殊需要幼儿一起挑战常规，给班级的经营管理造成很大困扰。对于这种情况，有以下几种方法可供参考。

首先，明确特殊需要幼儿影响班级常规的表现及原因。通常会有几种表现：游离于集体之外，但并无情绪问题；有强烈的情绪行为，影响正常活动的进行；扰乱其他幼儿，影响其参与活动等。而这些表现的原因多是特殊需要幼儿有感知觉方面的需求，对正在进行的活动不感兴趣，听不懂或者不理解活动规则等。对于这些情况，主班教师可以分别采取忽略（请其他教师支持该幼儿），请其他教师将有情绪行为的幼儿带离目前的场所，调整座位或请特殊需要幼儿做一些小任务等。

其次，教师带领幼儿以小组形式共同讨论约定活动规则及个别弹性规则。如作息流程可以根据幼儿的情况及需求调整；告诉其他幼儿为了满足特殊同伴的需求而制定的特殊规则，如自闭症幼儿可以在教室里光脚，可以长时间趴在地上，活动时可以暂时离开教室等，同时也要告诉其他幼儿，教师允许他们这么做是因为他们的触觉、听觉需求。教师团队要清楚地规范共同规则、弹性规则及特殊规则，尊重幼儿的情绪，保持要求的一致性。

最后，如果发现幼儿是因为不理解活动规则而影响班级常规，教师可在后续的活动设计中通过图片或者幼儿容易理解的方式告诉其规则，引导其参与到活动中。

32. 特殊需要幼儿出现攻击行为或自伤行为怎么办？

我们都知道任何行为的出现都是有原因的。对于特殊需要幼儿来说，由于其表达能力相对较弱，所以在遇到问题时往往会用行为表现。就像婴儿由于不会说话，所以基本的生理需求都是通过哭这样的行为传达出来。

在特殊需要幼儿出现攻击或自伤行为时，教师首先要做的是制止，保证其和其他人员的安全，这是最重要的。然后教师可以将其带到一个环境较为安全的场所，让他的情绪逐渐平复。最后，教师需要了解并判断出现这种行为的动机和需求。先关注身体原因，如生病、饥饿、困或哪里不舒服，排除身体原因，再去判断是否与同伴发生冲突、想要获得某种物品、引起别人的关注、逃避做某件事情或自身的感官需求等。在了解其动机后，再给予进一步的支持。

对于特殊需要幼儿的攻击行为或自伤行为，教师尽量做好观察记录，寻找其行为发生的规律，以免漏掉关键的信息并提前预防或转移；同时发生这些行为之后，教师要及时与家长做好沟通，避免等到家长询问了再向家长解释。

33. 如何设计融合教育课程，支持特殊需要幼儿更好地融入？

教师们常有困惑：特殊需要幼儿跟不上课程、没办法融入活动怎么办？首先要通过评估了解特殊需要幼儿的基础能力在哪个阶段，如果是某一个课程跟不上班级进度，可以进行走班上课。例如东东的实际年龄是6岁，通过评估发现他处于4岁的发展水平，虽然他在大班进行一日生活常规的融合，但是可以在上课期间到小班/中班听课。其次，也可以通过设计课程，来引导幼儿参与到课程中，这里提供集体教学中的十大调整策略以供参考。

①调整活动流程。根据特殊需要幼儿的发展目标和班级幼儿已有课程活动目标,调整课程活动流程及实施环节。②调整环境。调整物理环境和社交环境,以促进幼儿在活动中的参与和学习。如布置结构化的教室环境、调整物品摆放位置、合理安排座位、提供视觉提示、规定工作区域、匹配同伴教练等。③分组教学。将班级幼儿分成两组或更多小组,由班内几个教师分别安排不同的课程或活动,设定分层次的目标,对幼儿分组施教。④调整材料。调整或改变材料的位置、尺寸、大小、色彩、硬度和厚度等,以降低学习、操作难度;调整材料的呈现方式,让幼儿尽可能独立参与活动。⑤简化活动。减少工作步骤、降低难度或将复杂工作分成小的步骤。教师可以将小步骤做成幼儿可理解的顺序图片,给幼儿必要的视觉提示,也可以请幼儿完成其中一部分即可成功,为幼儿营造一个能够经常感受到成功的机会。⑥利用兴趣。运用幼儿喜欢的玩具、物品、活动和人物,将幼儿喜欢的对象引入其喜欢的活动,引发幼儿的兴趣,吸引其参与活动。⑦同伴支持。教师引导同伴作示范、协助、鼓励来促进特殊需要幼儿的学习,在融合班级里,同伴支持非常有效且具备社会性,是幼儿园运用最多的学习策略。⑧特殊器材。运用特殊器材或辅具支持幼儿参与活动,增加幼儿使用的方便性,增进幼儿的参与度。⑨隐性支持。教师在活动中以润物细无声的方式,有目的地安排隐藏的、非显性的事件,自然地支持特殊需要幼儿的学习。⑩直接支持。在活动中教师视幼儿的需要直接介入引导,以支持幼儿参与活动,如教师加入他们的游戏活动、表现出对他们的关注、温柔鼓励的眼神及具体简洁的赞美、示范或协助等,以便延伸幼儿玩的过程或适宜的行为表现,提高幼儿在活动中的持续度和参与度。

34. 开展融合教育的流程工具很多，表格填写起来很麻烦，能不能少填几个？

在开展融合教育工作中，这些流程工具的核心作用是帮助教师掌握孩子的成长和发展状况，同时也可以作为与家长沟通的直观性材料依据。最初使用时，由于教师对这些表格工具不熟悉或方法不熟练，确实会增加一定的工作难度和复杂程度，但在熟练使用后，这些工具可简化/减少教师工作量。

幼儿园可根据本园实际情况选择性地参考使用某些表格，也可以做适当的调整，这个调整的过程也是研究和专业提升的过程；幼儿园可以为教师提供参加培训的机会，学习如何记录、使用表格等，对班级中的新教师给予相应的督导；另外，班级团队做好分工协作，如主班教师负责一天活动的组织和带领，配班教师可做一些必要的观察、记录，避免工作量都集中在一个人身上。

35. 家长希望孩子幼儿园毕业后可以进入小学就读，我们如何支持孩子和家长？

目前我国在特殊需要幼儿义务教育阶段有较多且明确的随班就读政策，明确要求普通小学必须接纳本辖区的所有适龄儿童，很多小学都在接收有特殊需要的学生。幼儿园可以建议家长关注、学习、了解相关政策，必要时可向当地教育部门提出合理诉求。另外，幼儿园也可以发挥自己的资源优势，如家长资源、社区资源等，帮助幼儿寻找、联系学校，并与学校做必要的沟通与协调，支持幼儿毕业后能够顺利进入小学就读。

全面评估儿童能力（包含上小学需具备的能力），根据孩子的需要制订个性化的幼小衔接计划。提前与家长沟通幼小转衔需要做的事情：将入哪所小学，与学校提前沟通孩子的情况，确定班级后提前与班主任沟通孩子情况，请班级教师召开主题班会《欢迎新朋友》，协助建立良好的同伴关系，营造融洽的融合环境，家园共同配合，帮助孩子顺利过渡进入小学。

附录 实务流程工具撰写实例

附表1 个别化教育计划（IEP）

个别化教育计划（IEP）											
姓名		性别		年龄		执行班组		计划实施起止时间			
参与个别化教育计划者		（包含家长、教学主任、班级教师、相关专业人员等）									
评量工具						监护人同意签名		日期			
领域	长期目标	代号	短期目标		分步目标	初始表现	预期表现	期末表现	开始日期	完成日期	
健康	培养日常健康行为，改善手部精细动作	H1-5	自行穿脱一般衣物		能扣上按扣	2	4				
					能拉上拉链	2	4				
					自行穿外衣	3	4				
	发展身体的平衡能力，强化上肢肌肉力量	H6-21	单脚原地跳三下			2	4				
		H6-27	能单手投小球或沙包入盒			2	4				

续表

个别化教育计划（IEP）									
领域	长期目标	代号	短期目标	分步目标	初始表现	预期表现	期末表现	开始日期	完成日期
语言	能认真听并听懂日常用语，乐于交谈	L1-2	别人对自己说话时能注意听，并做出正确回应	遵从包括一件物件及两项动作的指令	3	4			
				遵从包括两件物件及两项动作的指令	3	4			
		L3-3	能用语言、动作、表情等表达自己对文学作品中情景内容（人物、情节等）的理解		2	3			
社会	培养良好的人际交往能力	S2-6	能与熟悉的同伴（1~2位）一起游戏		1	3			
		S5-2	知道不经允许不能拿别人的东西，借别人的东西要归还		2	3			
		F10201	会有目的地与同伴交谈（如分享经验、询问讯息）		0	2			
科学	培养归纳总结能力	SC1-2-3	能用简单的句子描述事物的特征		2	3			

续表

个别化教育计划（IEP）									
领域	长期目标	代号	短期目标	分步目标	初始表现	预期表现	期末表现	开始日期	完成日期
艺术	加强手部精细动作锻炼	A1-2-7	会画简单的形状（圆形、正方形、三角形）		1	3			
	培养乐器演奏的能力	A2-5-4	掌握几种打击乐器的基本敲奏方法	会用鼓进行敲奏	3	4			
				会用打棒进行敲奏	3	4			
				会用铃鼓进行击奏	2	4			
适应行为	培养良好的收拾整理习惯及自我服务能力	CL2-4	学具操作完后在教师的提示下放回原处		2	3			
		CL5-3-1	在教师的帮助下，将脱下的衣服叠放整齐并放在指定地方		3	4			
	培养记忆及表达能力	CL2-7	工作结束后，能在教师提示下（语言、材料、照片、实物等）回顾		3	4			

附表2 个别化融合教育计划（IIEP）

个别化融合教育计划（IIEP）					
日期：2020.11　儿童姓名：言言　教师姓名：刘冰 杨艳茹 李彤彤 李立 陈云霞 融合班级：小一班 （关键词：MS=融入式学习　　ES=嵌入式学习　　AS=添加式学习）					
目标代号	目标	儿童行为表现／现状能力／基本能力	目前的处理方法	可用教学策略	可介入的教育环节
H1-5-4	能扣上按扣	有扣上按扣的意识，会双手把扣子两边的布拉到中间合起来，能把扣子的凹部和上襟的凸部重合，但手指力量不够，不能将按扣压合。	教师双手捏住言言的手，帮他按压纽扣。	MS＿✓＿　ES＿＿＿　AS＿✓＿ 手指力量练习：在科学区里投放纸板五角星和夹子配对活动材料，请言言选择，并说"言言，请给五角星扎小辫"，言言操作完，教师与言言大拇指碰大拇指，说"哇，言言给五角星扎好小辫了"。 午休前，教师请言言拿出按扣衣饰架平放在桌子上，教师提醒言言站立操作，当他把扣子的凹部和上襟的凸部重合后，教师提示"言言，用力压"，并视情况给予动作协助，帮助其扣上按扣。	工作时间 午休时间

续表

个别化融合教育计划（IIEP）					
目标代号	目标	儿童行为表现/现状能力/基本能力	目前的处理方法	可用教学策略	可介入的教育环节
H6-21	单脚原地跳三下	当需要单脚站立时，言言就求助教师，"老师，扶着我呀，我要摔倒了"。他扶着周围物体时，能够单脚跳三下。	教师语言鼓励"你试一试"，教师伸出手扶着言言。	MS＿√＿ ES＿＿＿ AS＿√＿ 教师组织所有幼儿分组进行闯关练习，安排言言距离教师较近的地方。 （1）"金鸡独立"：双脚交替单脚站立1～2秒，重复10次。 （2）"小鸡木头人"：单脚站立3～5秒，重复10次。 （3）"小鸡跳舞"：单脚原地跳1～3下。教师适时给幼儿鼓励，并关注言言，使用眼神鼓励，如他完成动作，教师就伸出大拇指鼓励他，如果发现他有些困难，教师就及时伸手支持。	户外活动 早锻炼
L1-2-2	遵从包括一件物件及两项动作的指令	偶尔遇到自己感兴趣的事时，能够拿一件物体或做一个动作，大部分时间会沉浸在自己的世界中。	教师发过指令后，拉着他的手去完成指令。	MS＿√＿ ES＿＿＿ AS＿√＿ 教师与幼儿商讨选举加餐小助手，引导幼儿选言言，每日加餐时间，生活教师边切水果边说，"言言，请拿夹子，在盘子里放两/三块水果"，当言言做到请小朋友及时回应"谢谢言言"，言言服务完后自己取水果吃餐点。如果言言不按要求做，教师重复指令并告诉他有奖励，他完成后多加一块水果。	点心时间

续表

个别化融合教育计划（IIEP）					
目标代号	目标	儿童行为表现/现状能力/基本能力	目前的处理方法	可用教学策略	可介入的教育环节
F10201-4	会有目的地与同伴交谈（如分享经验、询问讯息）。	在教师的引导与示范下，能够与同伴进行日常生活方面的互动。		MS__√__ ES_____ AS__√__ 在班级中"明星时刻"时间，请小朋友们说说言言的优点，选择一名小朋友成为他的小伙伴。引导言言选择一个他感兴趣的玩具，与他的小伙伴分享玩法，教师根据他们的谈话内容进行适当的引导。 安排幼儿分享档案中的照片，阅读时间分享绘本，过程中教师视情况给予提示和具体鼓励。	大小组 餐后时间
A1-2-7	会画简单的形状（圆形、正方形、三角形）。	能够将虚线的形状描实，会描画嵌板。	教师准备画有虚线形状材料，安排言言描画。	MS__√__ ES_____ AS__√__ 在美工区投放三种形状的嵌板或其他物体、A4纸、画笔等材料，运用个人工作系统，要求言言依次描画圆形、正方形和三角形，结束后再操作自己喜欢的美工材料或希望选择的区域，教师巡回观察并视情况引导支持。	工作时间

参考文献

1. 景时,邓猛.英国的融合教育实践——以"特殊教育需要协调员"为视角[J].学习与实践,2013(6):127-133.
2. 昝飞.融合教育——理想与实践[M].上海:华东师范大学出版社,2016.
3. 邓猛.融合教育理论反思与本土化探索[M].北京:北京大学出版社,2014.
4. 邓猛.融合教育实践指南[M].北京:北京大学出版社,2016.
5. 蔡蕾.学前融合教育理论与实务[M].郑州:河南大学出版社,2012.
6. 黄志成.全纳教育、全纳学校、全纳社会[J].中国特殊教育,2004,47(5).
7. 景时.融合教育后现代差异观的阐释与批判[J].中国特殊教育,2021,250(4).